手ぬいで ちょこっと 洋服お直し

鵜飼睦子（チカラ・ボタン）監修

ちょこっと お直しでできること

用意するのは針と糸と、少しの道具…

ちくちく

// 手ぬい するだけ！

ちくちく

ほんと？

丈つめに失敗して
あともう2cm短くしたい
トレンド柄のパンツも…

ウエストがゆるくて
いまいちキマらない
ベーシックなスカートも…

ぴったりと思って買ったのに
幅がやけに大きかったTシャツ…
今年の夏フェスに着ていきたい！

ひっかけて
大きな穴があいた
お気に入りの
羊ちゃんセーターも…（涙）

古着屋で見つけた
ちょっと破れてるけど
彼に似合いそうなシャツも…

全部手ぬいで直せる！

これが、この本でできること。

ちくちく
ちくちく

がんばろう！

CONTENTS

ちょこっとお直しでできること ……………… 2
Message　鵜飼睦子（チカラ・ボタン）……… 6

PART 1　お直しの基本

お直しに必要な道具／糸の種類 ……………………………………… 8
洋服の名称／採寸の仕方 ……………………………………………… 10
基本のぬい方 …………………………………………………………… 12
マチ針の打ち方／しつけの仕方 ……………………………………… 15
布のほどき方／印のつけ方／布の切り方 …………………………… 16

お直しを始める前に… ………………………………………………… 18

PART 2　サイズのちょこっとお直し

すそ上げ・すそ出し

CASE1　ロックミシンのかわりに、3つ折りにしてまつる **パンツ** ……………… 20
CASE2　ロックミシンのかわりに、バイアステープでまつる **パンツ** ………… 22
CASE3　すそに柄があるので、ウエストからお直しする **スカート** …………… 24
CASE4　3つ折りステッチで、また3つ折りステッチにする **パンツ** ………… 26
CASE5　3つ折りステッチで、すそ丈をお直しする **チュニック** ……………… 28

ウエスト出し・つめ

CASE1　両脇のぬい目をほどいて、ウエストをお直しする **スカート** ………… 30
CASE2　後ろ中心のぬい目をほどいて、ウエストをお直しする **パンツ** ……… 32

袖つめ

CASE1　カフスをはずして袖をつめる **シャツ** …………………………………… 34
CASE2　袖をはずしてノースリーブにする **ブラウス** …………………………… 36

身幅を細くする

- **CASE1** 両脇のラインをつめて、上身頃を細くする Tシャツ ……… 38
- **CASE2** ダーツをとって、上身頃を細くする シャツ ……… 40
- **CASE3** 両脇のラインをつめて、下身頃を細くする スカート ……… 42
- **CASE4** 内股・外股のラインをつめて、下身頃を細くする パンツ ……… 44

肩ひもをつめる

- **CASE1** 肩ひもをはずして長さを調整する、キャミソールワンピース ……… 46

袖ぐりをつめる

- **CASE1** 身頃をつまんで、袖ぐりを上げる ノースリーブブラウス ……… 48

襟ぐりをつめる

- **CASE1** 肩をつまんで、襟ぐりを上げる カットソーTシャツ ……… 50

PART3 トラブルレスキュー!! ちょこっとお直し

- ボタンが取れた！ ……… 54
- 虫食い穴を発見！ ……… 56
- ぬい目がほつれた！ ……… 60
- かぎざきができた！ ……… 62
- 裏地が裂けた！ ……… 64
- スリットがほつれた！ ……… 66
- ストールの目がヨレた！ ……… 68
- ニットがひきつれた！ ……… 70
- ウエストゴムがゆるゆる！ ……… 72
- ファスナーがこわれた！ ……… 74

- column1　まだある便利なお直し道具 ……… 52
- column2　オリジナルのお直し道具 ……… 76
- column3　お直しのQ&A ……… 77
- 用語集 ……… 78

Message

普段はミシンを使ったお直しの仕事をしています。

お直しの専門店なので、さまざまなお洋服のお直し依頼が舞い込んできます。
難しいものなどは「はたしてこれをどうやって直そうか……」と悩んでしまうほど！

お客様が持ってこられるどんなお洋服にも大切な思いが込められています。
どうしてもこれを直して着たい、という大切な思い。
毎回毎回、お客様の愛着を感じています。

ちょっとしたものであれば自分でお直しすることも可能です。
服作りの全てを手ぬいで仕上げるのは容易ではありませんが、ミシンを使うよりも
手ぬいは失敗が少なく、やり直しも少なくてすむ、お直しにぴったりの方法なのです。

自分でもちょこっとお直しできればいいな、という声をよく聞きます。
そんな方のために、分かりやすくお直しの方法をご紹介しようと思います。
お気に入りの一着だからこそ、あえて時間のかかるアナログな方法で直すのもいいもの。
お気に入りの一着を自分でお直しする、特別に贅沢な時間です。

鵜飼睦子

PART 1
お直しの基本

どんな道具を用意したらいい？
道具の使い方やぬい方は？
昔、家庭科の授業で習ったような…
お直しの基本の基本を紹介。

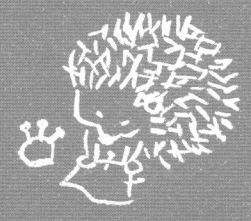

お直しに必要な道具

手ぬいでちくちくするのに使う道具たちです！

必ずあったほうがいい道具

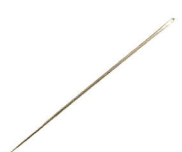

針

太さ、長さなどの種類があり、ぬう生地によって使い分けます。本書では、太い針と細い針を2本持っておくと便利です。

糸

生地と同じ色の糸を、用意しておくことが重要。種類もありますが、ミシン糸でもぬうことができます。

裁ちバサミ

布を切るハサミです。普通のハサミでは刃を傷めたり、うまく切れない場合も。専用のハサミを用意しましょう。

糸切ハサミ

糸を切るときに使うハサミです。ぬい目をほどくときに糸を切るなど、細かい場所もラクに切れます。

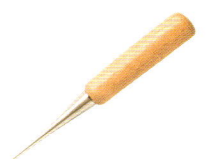

目打ち

ぬい目をほどくときや、布を押さえるときなど、お直し以外でも、裁縫では持っておくと非常に重宝する道具です。

マチ針

お直しする丈や幅を決めるときに、洋服にマチ針を打ってサイズを見ます。10本以上は用意しておくと便利です。

ものさし

サイズや、ぬいしろを測るときに使います。巻きじゃくタイプではないので、チャコで印をつけるときにも使えます。

チャコ

お直しするサイズの、印をつけるために使います。チャコは色が落ちないので、なるべく白を選びましょう。

しつけ糸

しつけぬいをするための糸です。仮のための糸なので、ほどけやすく、手でひっぱれば切ることができます。

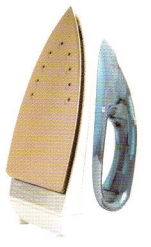

アイロン
ぬいしろを伸ばすなど、スチーム機能がついたものがいいでしょう。家庭用のアイロンで十分役割ははたせます。

アイロン台
机の上でそのまま作業ができる、写真のような布や、板状のアイロン台が便利です。（写真は監修者による手作り）

あると便利な道具

指ぬき
布が厚いときやなん針もまとめてぬうときに、針が布を通るのを助けてくれます。

ひも通し
パンツのゴムや、巾着袋のひもなどを通すときにあると便利です。

接着テープ
破れなどに貼って補強するのによく使用します。さまざまな種類があります。

バイアステープ
布の端をくるんで縁取りにしたり、本書ではすそのほつれ処理でも使用します。

糸の種類　用途にあった糸を使い分けましょう。

手ぬい用糸
ポリエステル素材の、一般的な手ぬい糸です。

ボタンつけ糸
強力につくられたボタン用の糸。太さの種類もあります。

しつけ糸
仮ぬいや、しつけをしたりするときに使用します。

絹糸
やわらかく、着物などをぬうときに使用します。

PART1　お直しの基本　お直しに必要な道具／糸の種類

洋服の名称

本書で使用している名称です。覚えておくといいでしょう。

上身頃・表

上身頃・裏

下身頃・表

下身頃・裏

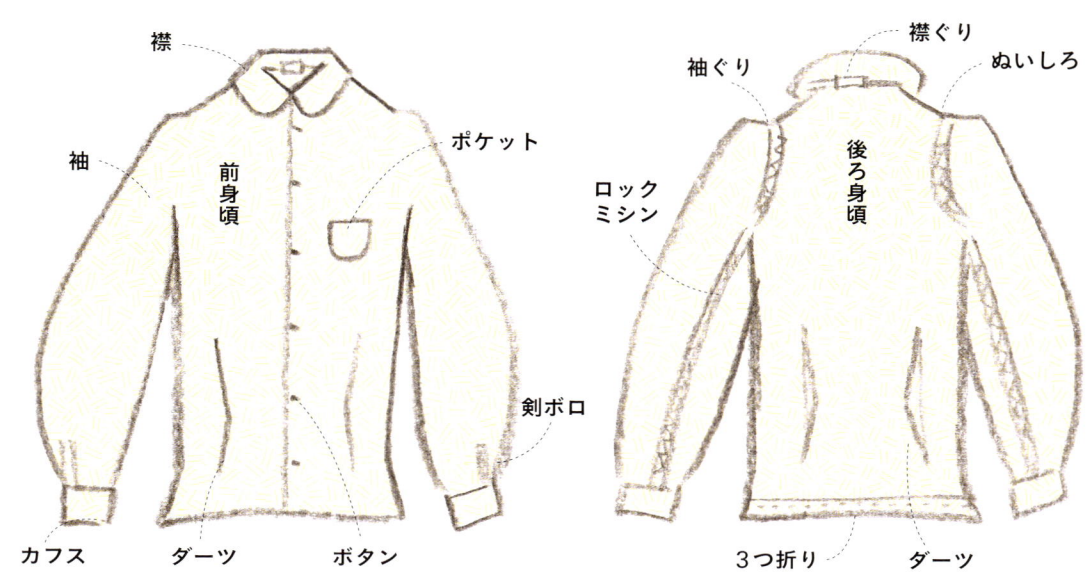

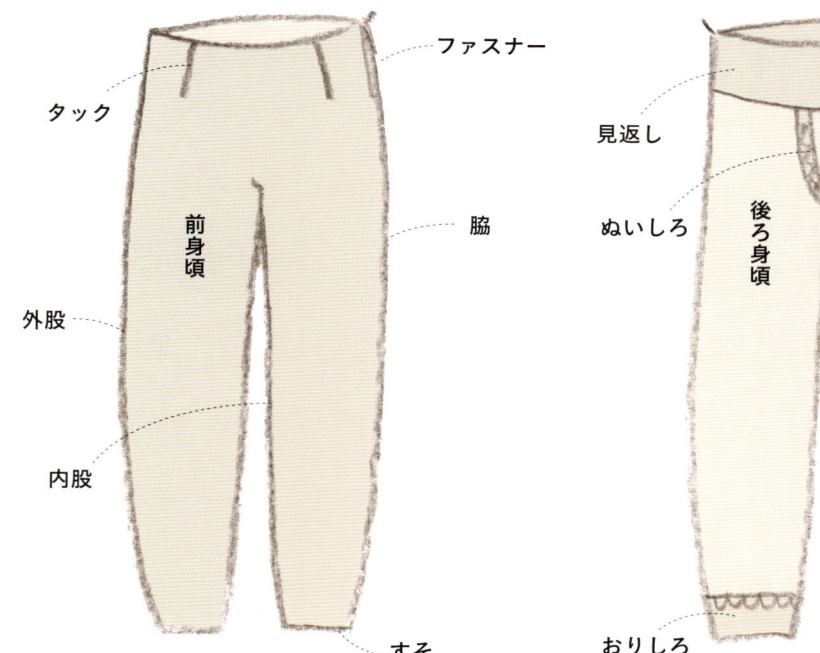

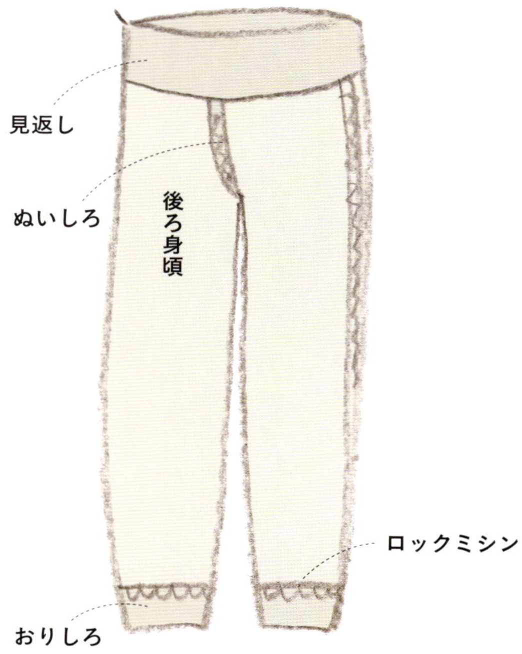

採寸の仕方

マチ針を打ってから着る、のがポイントです！

パンツのすそ

すそを内側に、マチ針は横に！

すそは内側に折り込み、マチ針を横に打ちます。実際に着て微調整しましょう。

スカートのウエスト

両脇から、マチ針は縦に！

脇でお直しをする場合は、マチ針を縦に打ちます。実際に着て微調整しましょう。

シャツの袖

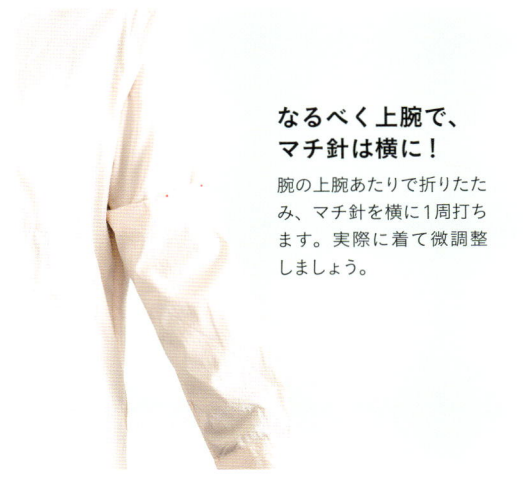

なるべく上腕で、マチ針は横に！

腕の上腕あたりで折りたたみ、マチ針を横に1周打ちます。実際に着て微調整しましょう。

パンツのライン

ラインを意識して、マチ針は縦に！

急なラインにならないよう、全体のバランスを見て！ 実際に着て微調整しましょう。

POINT!
実際に着る前にマチ針を打つ！

洋服を着てマチ針を打ったほうがラクそうなのですが、つめ過ぎたり、極端なラインになってしまいがちです。着る前にマチ針を打つことで、なだらかなラインの美しい仕上がりになります。

PART1 お直しの基本 / 洋服の名称／採寸の仕方

基本のぬい方

本書で出てくるぬい方を紹介しています。

玉結びのつくり方　　　　　　　　　　　　　カンタンにつくれる方法です！

1
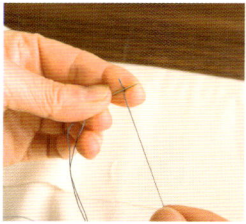
針に糸を通して、針の先と糸の端を、指の腹の上でクロスさせます。

2
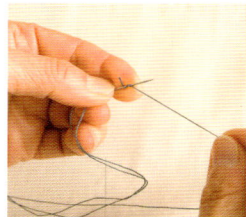
針に糸をくるくると2〜3回巻きつけます。

3

巻きつけた糸を指で押さえながら、針を引き抜きます。

4
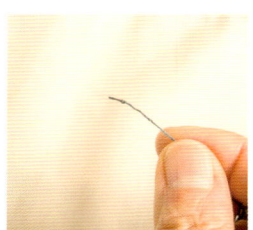
これで玉結びのできあがりです。2度玉結びをつくる必要はありません。

ぬい始め　　　　　　　　　　　　　　　　　ひと針返しておくことがポイント！

1

玉結びをつくり、ひと針ぬいます。

2
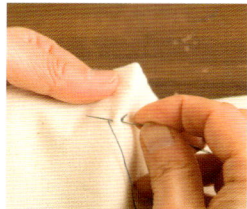
始めに針を刺した場所に、もう1度針を刺します。

3

また同じ場所から針を出します。これをひと針返す、と言います。

4

ぬい始めはひと針返して、ぬい始まりがほどけにくいようにしておきます。

ぬい終わり　　　　　　　　　　　　　意外と知らないかくし糸が仕上がりのコツ！

1
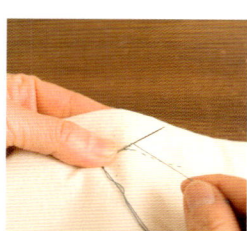
ぬい終わった位置で、針に糸を2〜3回巻きつけます。

2
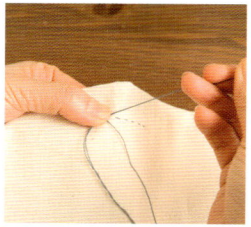
巻きつけた糸を指で押さえながら、糸を引き抜いて玉結びをつくります。

3
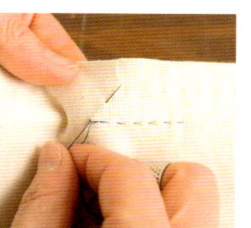
玉結びができた場所に針を刺し、1〜1.5cmほど針を先に出します。

4

糸切ハサミで、布のキワで糸を切ります。これをかくし糸、と言います。

ちくちく
ちくちく

📍 並ぬい
なん針も連続で刺すことで、スピードアップ！

1
ひと針ずつ針を抜かないで、4〜5針連続で刺していきます。

2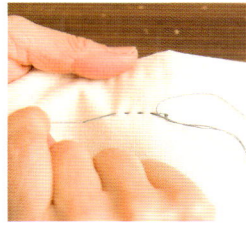
針を引き抜きます。布がつった場合は伸ばしておきましょう。

3
4〜5針ぬってから、ひと針返すことでぬい目が強力になります。

4
これをくり返していきます。

📍 半返しぬい
ひと針返すのではなく、半分返すぬい方です。

1
ひと針ぬったら、ぬい目とぬい目の半分の位置に、針を刺し返します。

2
そこからまたひと目分、針を先に出します。

3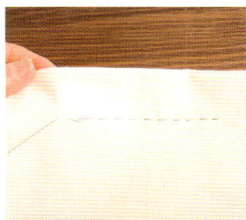
半分返して、半分先に出す、のくり返しです。

4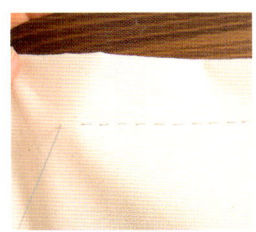
表から見た仕上がりは並ぬいと同じですが、より細かく強力です。

📍 本返しぬい
ひと針ひと針全部返しながらぬう方法です。

1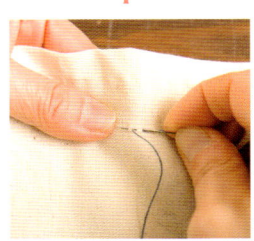
ひと針ぬっては元のぬい目に戻り、その先へ針を出します。

2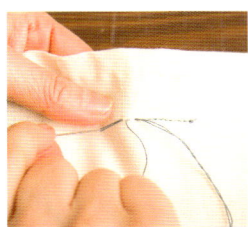
これを連続でくり返していきます。ぬい目はなるべく細かくします。

3
パンツの内股や、脇ぐりなど力のかかる部分を強力にすることができます。

4
仕上がりがミシンと同じようなぬい目になるのが特徴です。

PART1 お直しの基本 基本のぬい方

巻きかがり

布の端がほつれないようにする、ぬい方です。

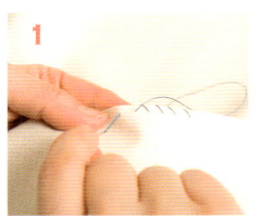
1 針を、布の後ろから前に刺していくぬい方です。

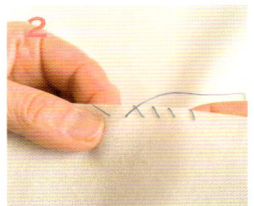
2 これを同じ間隔でくり返していきます。

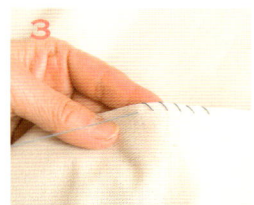
3 布の糸がほつれてきても、かがった糸に絡まってそれ以上ほつれません。

4 ななめにぬい目がつながっています。しっかりかがりたいときは間隔を細かくしましょう。

まつりぬい

一般的なまつり方法で、流しまつり、とも言います。

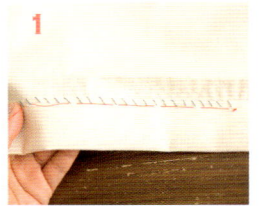
1 まつりぬいをする場合は、布がズレないようにしつけをします。＊写真では巻きかがりをした上からまつりぬいをしています。

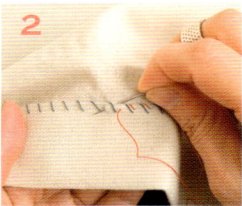
2 ぬいしろの裏から、表に針を出します。

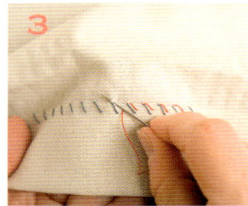
3 0.3〜0.5cmほど先の表布の繊維を2〜3本すくいます。表側にひびかないようにします。

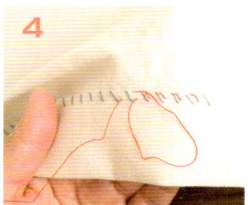
4 先ほどと同じぐらいの間隔をあけて、ぬいしろの表に針を出します。

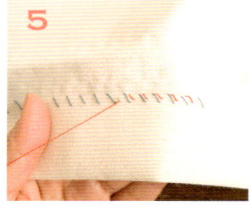
5 これをくり返していきます。

6 裏のぬいしろを見ると、このようなぬい目になります。

7 表から見ると少しだけ糸が見えるぐらいの仕上がり。実際は生地と同じ色の糸なので、ほとんど見えません。

たてまつり

ぬい目が布に対して縦になるまつり方です。

1 ぬいしろの裏から、表に針を出します。

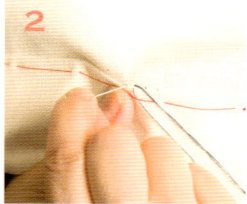
2 すぐ上の向こう布をひと目すくいます。これでぬい目が縦になります。

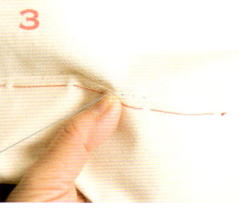
3 0.3〜0.5cmほど先のぬいしろの裏から刺します。これをくり返していきます。

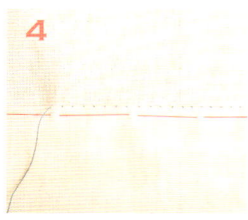
4 ぬい目は小さく縦に並びます。ぬい目をできるだけ目立たせたくないときに使います。

マチ針の打ち方
**カンタンなようでチェックする
ポイントがたくさん！**

生地の色によって、マチ針が目立たない場合があるので、なん色かあると便利です。明るい色や飾りがついていると落としたときにも探しやすいです。

1 ぬい目位置をはさんで0.5cmほど下げた位置に針を刺します。

2 折り山のキワ、ぬい目位置から0.2cmほど上から針を出します。

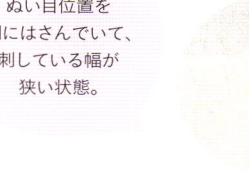

ぬい目位置を間にはさんでいて、刺している幅が狭い状態。

OK!

3 これでマチ針が刺さりました。

4 これぐらいの間隔で刺していくのがいいでしょう。曲線部分などは細かく打ちます。

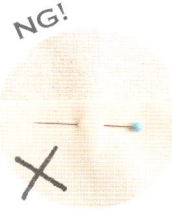

NG!
刺している幅は狭いものの、横に打ってしまっている状態。

NG!
針を刺している幅が広すぎていて、針が安定していない状態。

しつけの仕方
**まつりぬいをするときは、
必ずしつけをしましょう！**

しつけ糸はこのような状態で販売されている場合が多いです。輪になっている部分をまとめて切り、1本ずつ抜いて使うようにします。

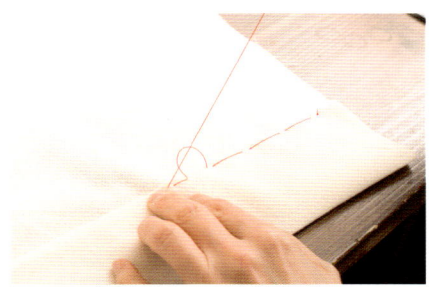

1 布を押さえることが役割なので、表に出てくるぬい目の幅は広めにとります。

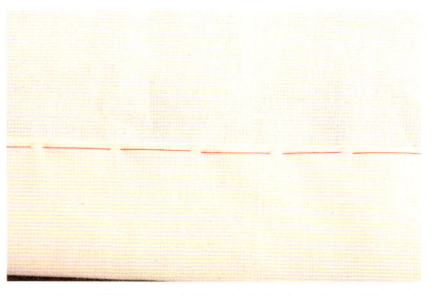

2 仕上がりはこのようになります。しつけ糸で布を押さえています。

PART1 お直しの基本 / マチ針の打ち方／しつけの仕方

布のほどき方

お直しをするなら、
ラクなほどき方の習得が大事！

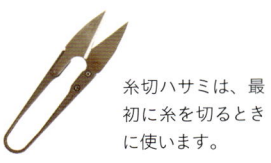
糸切ハサミは、最初に糸を切るときに使います。

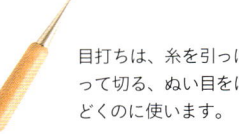
目打ちは、糸を引っぱって切る、ぬい目をほどくのに使います。

● ミシン目のほどき方

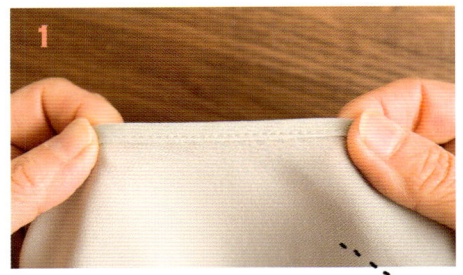

細かいミシン目だとひと目0.5cmもありません。これをひと目ずつほどいていくと大変。目打ちで一気に引き抜いていきます。

糸切ハサミで切って、ぬい目をほどくのはNG。糸くずが大量に出て大変な手間になります。

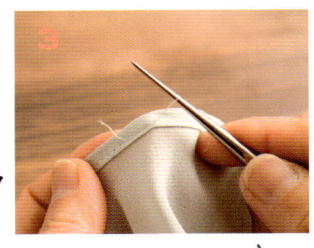
4〜5目ずつ引き抜いていきます。ぬい目がしっかりしていたり、慣れていないとうまく抜けないので、最初は2〜3目ずつぐらいから始めましょう。

目打ち、または糸切ハサミで糸を切ります。

ミシンは2本の糸を使ってぬっています。表のぬい目をほどくと、裏から糸が1本するっと取れてきます。

● ロックミシンのほどき方

ロックミシンは3本または4本の糸で、糸がほつれないように布はしを巻きかがりしています。

目打ちで糸を引っぱると、ぽろぽろと糸がほどけてきます。ほどけてこない場合は、別の箇所を切ってみてください。

糸切ハサミ、または目打ちでぬい目の下、直線上になっているところを切ります。

一気に引き抜いていきましょう。

印のつけ方
きちんと印をつけてキレイな仕上がりに！

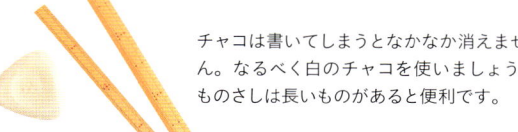

チャコは書いてしまうとなかなか消えません。なるべく白のチャコを使いましょう。ものさしは長いものがあると便利です。

1 5cmの印をつけます。ものさしで5cmを測り、写真のようにして短い線を書いていきましょう。

2 ものさしを自分に対してまっすぐに向けたまま、印をつけていきます。

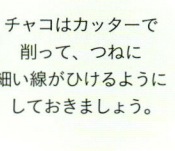

チャコはカッターで削って、つねに細い線がひけるようにしておきましょう。

POINT!

3 短い線と線をつなげていきます。

NG!

カーブなどで布に対して垂直にものさしを向けないこと。分量が多くなってしまいます。

4 裁断線がひけました。慣れてくれば短い線のまま裁断してもOKです。

布の切り方
意外とコツがあるので気をつけましょう！

布切り専用のハサミ。布や洋服を切ることを裁断すると言います。

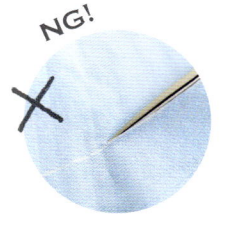

NG!

ハサミを1回1回とじ切るのはNG！布がガタガタする原因になります。

1 裁断する洋服を床に置いて、ハサミも床につけた状態で静かに切り始めます。

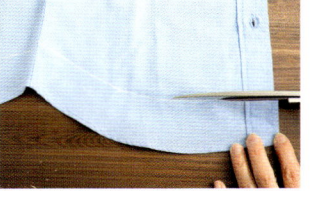

2 ハサミはつねに床につけて切り進めます。

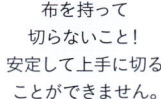

布を持って切らないこと！安定して上手に切ることができません。

NG!

3 1回1回ハサミをとじないで、とじる寸前にまたハサミを開いて、切り進めましょう。

4 これをくり返していきます。

お直しを始める前に…

本書では「手ぬい」でのお直し方法を紹介しています。
デニムなどの厚い生地は、針にも手にも負担がかかります。
手ぬいが困難な生地の場合は、本書のお直しはおすすめできません。

また、洋服にはさまざまなデザインがあり、構造もバラバラです。
ファスナーの位置が違ったり、ポケットがあったり、裏地がついていたり……、
本書で紹介したお直し方法だけでは、直せない構造の洋服もあります。
生地を切る前に、その洋服がお直しできるものか確認しましょう。

本書で紹介しているお直しの方法は、もっとも基本的な方法です。
残念ながら、専門的な技術や道具がないと、お直しできないものもあります。
複雑な構造の洋服などは、**お直しの専門店**にお願いするようにしましょう。

PART 2
サイズの
ちょこっとお直し

この肩ひも、あと２cm短くしたい！
自分でちょこっと、サイズを直せればカンペキなのに！
そんなお悩みのお直し、集めてみました。

丈を**長く**したい！**短く**したい！
すそ上げ・すそ出し

CASE1

ロックミシンのかわりに、3つ折りにしてまつる**パンツ**

難易度 ★☆☆

ロックミシンとは布はしがほつれないように布を巻きかがるミシンのこと。すそをつめる場合は布を裁断するので、3つ折りにしておくといいでしょう。

ゆったり素材のパンツ

start!

くるくるくる〜

ロックミシンをかけてまつってある状態！

この方法だとぬい目が表に出てきません。フォーマルなパンツに多いすそです。

1. まつりぬいをほどく

糸切ハサミでまつってある糸を1ヵ所切り、そのまま引っぱるとまつり糸が一気にほどけてきます。ほどけない場合は別の場所を切ってみてください。

2. アイロンをかける

必要なら当て布！

元の折り目に、アイロンかけて軽く伸ばします。折り目が少し残る程度にします。

3. 仕上がり丈を決める

すそを内側に折り込み、マチ針を横に打ちます。パンツの場合は靴を履いて確かめるとgood！ 今回は5.5cmのすそ上げをします。

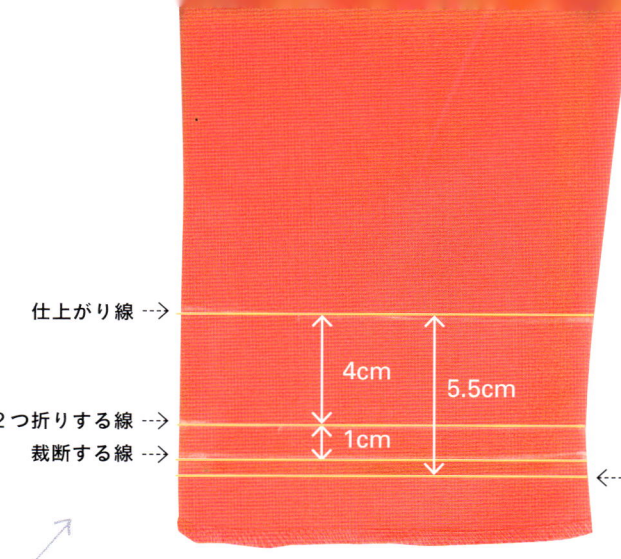

4. 印をつける

元のすそan線から5.5cmを測り、チャコで印をつけます。その下におりしろ分4cm＋2つ折りする1cmの印をつけましょう。すそ出しをする場合はおりしろ分2cm＋2つ折り分1cmは確保できるようにしてください。

← 仕上がり線
← 2つ折りする線
← 裁断する線
← 元のすそ線

5. 裁断をする

一番外側の線を裁断します。すそ出しの場合は切らないで、そのまま7へ進みます。

6. おりしろの幅を合わせる（おりしろの幅が合わない場合のみ）

 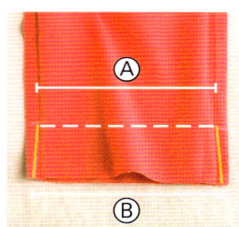 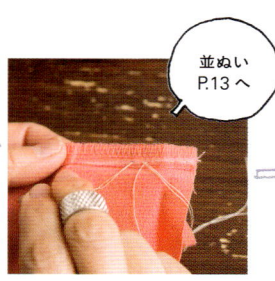 

並ぬい P.13へ

おりしろが表布の幅と合わないと、まつりぬいをしたときにすそがつってしまいます。おりしろ分の幅を広げておくと仕上がりがキレイです。

おりしろが重なる部分の表布の幅を測り、おりしろも同じ幅になるよう印をつけます。写真のⒶとⒷは同じ幅になっています。

印の上を並ぬいでぬいます。元のミシンの線と1cmは重ねぬいをして玉どめしておきます。

重ねてぬったところまで、ミシンのぬい目をほどきます。これで幅が広がり、折り返しの布と表布の幅が合いました。

7. まつりぬいをする

まつりぬい P.14へ

2つ折り、おりしろを折ってアイロンをかけ、マチ針を打ってからしつけをします。マチ針をはずしてまつりぬいを1周すれば完成です。

point☆ **GOOD**

表に返したときに糸がつらないように！

つって見えるのは、表布をまつるときにすくい過ぎているのが原因。繊維を数本すくうイメージで！

完成！

すそ上げ・すそ出し

CASE2  ロックミシンのかわりに、
バイアステープでまつる**パンツ**

難易度 ★★☆

CASE1で紹介した3つ折りの方法だとすそに厚みが出てしまう場合、
バイアステープを使った方法で試してみましょう。

> しっかり生地のパンツ

start！

両折れタイプ。

1. バイアステープを用意する

両側が折れている「両折れタイプ」のバイアステープを用意します。長さは両方のすそ回り分が必要で、色は生地と同系色を選びましょう。

2. 仕上がり丈を決める

すそのまつりぬいをほどき、アイロンをかけて、元のすそ線を軽く伸ばします。すそを内側に折り込み、マチ針を横に打ちます。

3. すその幅を合わせる

詳しい方法は
P.21-6へ

アイロンでおりしろを折ってみて、表布のすそ幅と合わないときは、幅を修正して表布と合わせましょう。

重ねると厚みが出る！

CASE1同様、ロックミシンをかけてまつっているすそです。表にぬい目が出ないようにするのが大事。

4. バイアステープをマチ針でとめる

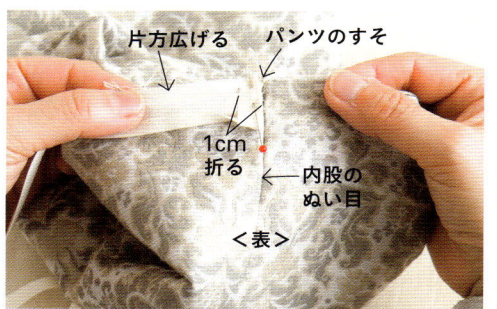

バイアステープの片方を広げて、端を1cmほど内側に折り、パンツのすそと内股のぬい目に合わせてマチ針でとめます。

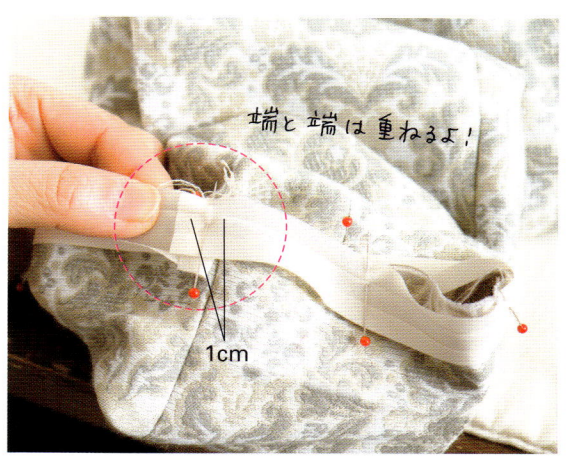

すその回りにバイアステープを巻きつけて、マチ針を打ってとめておきます。最後は1cmほど重ねてバイアステープを切ります。

5. バイアステープをぬいつける

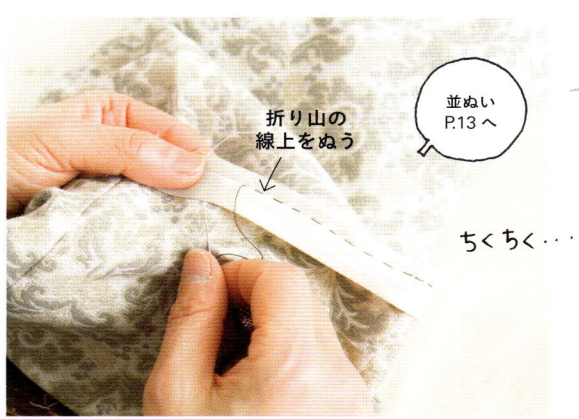

バイアステープの、広げた折り山の線上をパンツと一緒に、並ぬいでぬいます。（見やすいように糸の色を替えています）

6. バイアステープを折り上げてマチ針でとめる

5でぬったぬい目にそって、ひっくり返すようにバイアステープを折り上げます。すその端がくるまった状態になります。マチ針を打ってとめておきます。

7. しつけをしてまつりぬいをする

バイアステープと表布にしつけをしてから、まつりぬいでぬい合わせていきます。両すそをまつってから、しつけをはずします。（見やすいように糸の色を替えています）

完成！

すそ上げ・すそ出し

CASE3
すそに柄があるので、ウエストからお直しするスカート

すそに柄が入っていて、生地を切ることができない場合、ウエストの生地を切ってつめたり、生地を足すなどしてお直しをします。

柄がいっぱいのスカート

start!

↳ すそを切れないスカ～ト！

ロングスカートなどに多い、柄入りの生地。ウエストがゴムの場合、調整も比較的カンタンです。

1. 仕上がり丈を決める

すそを内側に折り込み、マチ針を横に打ちます。スカートの場合も必ず試着しましょう。ここでは5cmつめることにします。

2. ウエストのゴムを抜く

ぐい————ん

今回はウエストの丈を切ってつめるので、ゴム通し部分は切ることになります。適当に切り込みを入れて、ゴムを出します。輪になっているのを切ってから、ゴムを抜き取ります。

3. ゴムの幅を測る

ゴムの幅を測って、ゴム通し部分の幅を決めます。ここではゴム幅が2cmだったので、通し部分の幅は2.5cmにします。

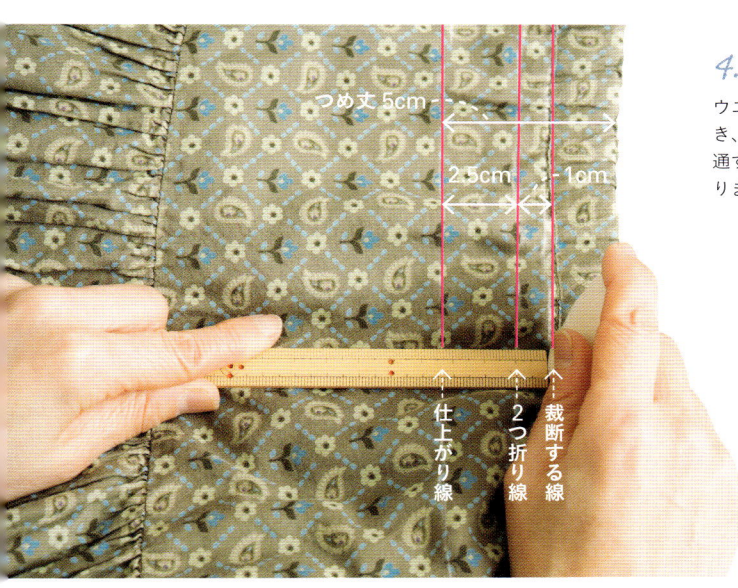

つめ丈 5cm
2.5cm 1cm
仕上がり線
2つ折り線
裁断する線

4. 印をつけて、裁断をする

ウエストの位置から5cmを仕上がり線としてひき、ぬいしろを2.5cm＋1cmとります。ゴムを通すので、ゴムの幅によってぬいしろの幅は変わります。印をつけたあと、布を裁断します。

5. 3つ折りして、アイロンをかける

ぬいしろを印に合わせて3つ折りします。

じゅー

6. ゴム通しをつくり、ゴムを通す

並ぬい P.13へ

3つ折りした部分を表布と一緒にぬい合わせます。並ぬいで4～5針ぬって1回返します。

ゴムの通し口をつくるので、最後の4～5cmは開けておきます。

ゴム通し口からゴムを通します。ひも通しを使うといいでしょう。

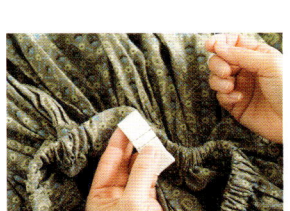

ゴムの端と端をぬい合わせます。1cmぐらい重ねて本返しぬいで2カ所ぬっておきます。

通し口を並ぬいでとじます。このときにゴムも一緒にぬい合わせないように注意しましょう。

7. ゴムをぬいつける

脇のぬい目！

ゴムがねじれるのを防ぐため、脇のぬい目に重ねるようにして、ぬいとめておきます。

完成！

point

GOOD

通し終わったらゴムをひっぱって！

ゴムを通し終わったときに、ひっぱることによって、寄ってしまったゴムを全体になじませます。

PART2 サイズのちょこっとお直し / すそ上げ・すそ出し

すそ上げ・すそ出し

CASE4
3つ折りステッチで、また3つ折りステッチにするパンツ

難易度 ★☆☆

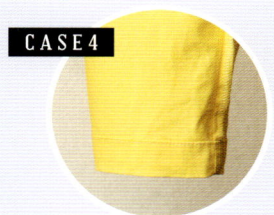

すそは、3つ折りにしてミシンでぬってあります。ロックミシンをかけているのと同様に一般的なすその始末です。すそ丈をお直しして、再び同じ状態に戻します。

3つ折りすそのパンツ

start!
チョキチョキ

1. ぬい目をほどく

ほどき方 P.16 へ

すそのミシンをほどきます。丈夫にするため細かくぬわれていることが多いので、少し手間ですががんばりましょう。

2. アイロンをかける

必要なら当て布！

元の折り目にアイロンをかけて、軽く伸ばします。折り目が少し残る程度にしましょう。

ミシン目が目印！

<表>

ミシン目が表に出ているので、デニムやチノパンなどカジュアルなパンツのタイプが多いです。

3. 仕上がり丈を決める

3つ折りすそで、幅が細いときなどはパンツを外側に折ってもOK。丈を決めたらものさしでなんcm直すか測っておきます。

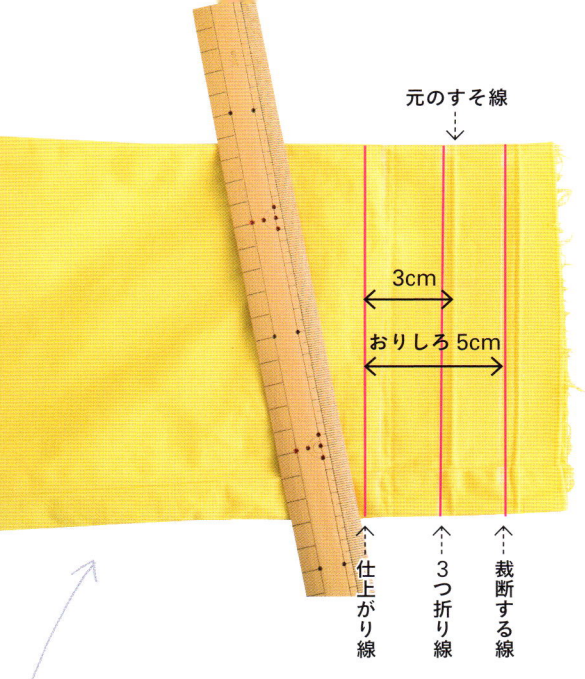

↓元のすそ線

3cm

おりしろ5cm

仕上がり線 / 3つ折り線 / 裁断する線

4. 印をつける

今回は3cm丈をつめることにします。元のすそ線から3cmのところに印をひき、3つ折り分のおりしろとして2.5cm+2.5cmで5cmとります。すそ出しをする場合は、おりしろ分2cm+2cm=4cmは確保できるようにしてください。

5. 裁断をする

一番外側の印を裁断します。すそ出しで布を切らない場合は6へ進みます。

6. すそを3つ折りにする

印のとおりにすそを内側に3つ折りします。アイロンをしっかりかけて、クセをつけておきます。

7. 3つ折りをぬう

本返しぬい P.13 へ

ちくちく・・・

ミシンと同じようなぬい目にしたいので、表側から細かい本返しぬいをします。針を刺したときに、裏側のぬいしろをはずれてしまわないように、表と裏を確かめながらぬいましょう。（見やすいように糸の色を替えています）

表から見たぬい目

裏から見たぬい目

本返しぬいは返しながらぬうので、裏側のぬい目が乱れがちになります。
（実際には生地と同じ色の糸を使用するので、これほどは目立ちません）

point☆ GOOD

同じ仕上がりを目指すならぬいしろを測っておくとgood!

すそからのぬい目の位置やぬいしろ位置は、その服によって違うものです。ぬい目をほどく前に、それぞれの位置を測っておくと正確です。

PART2 サイズのちょこっとお直し　すそ上げ・すそ出し

27

すそ上げ・すそ出し

CASE5

3つ折りステッチで、すそ丈をお直しするチュニック

難易度 ★☆☆

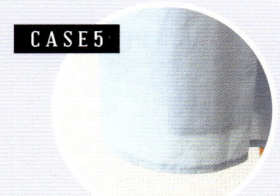

上身頃も前述のパンツ同様にすそをお直しできます。ただ、上身頃のぬいしろは短いため、すそ出しする場合は布の長さが足りない場合もあります。

3つ折りすそのチュニック

start!

1. ぬい目・ぬいしろを測って、ほどく

元と同じ仕上がりにするため、すそからのぬい目、ぬいしろを測っておきます。測ったらぬい目をほどきます。

2. 仕上がり丈を決める

すそを内側に折り込み、マチ針を横に打ちます。身頃を多く折るときは、3つ折りしてもいいでしょう。上身頃も試着して丈を調整します。今回は5cmのすそ上げをしましょう。

ここは大事！

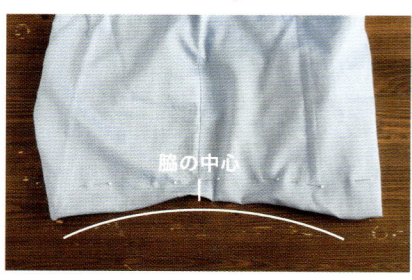

脇の中心

上身頃は、動きやすいように脇に切り込みなどが入っている場合があります。手ぬいの場合、深い切り込みのデザインは難易度が高いため、ゆるやかなカーブをつけることにします。

上身頃も同じ方法！

すそにロックミシンがかかっている場合はP20〜、P22〜の方法を参照して応用してください。

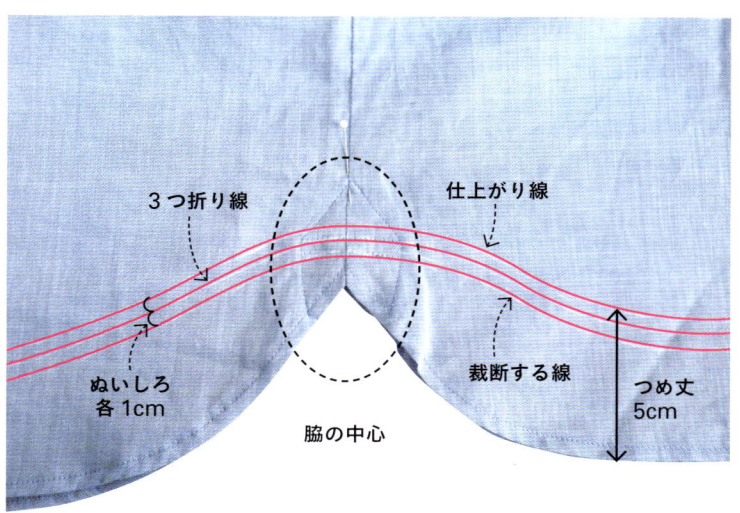

3. 印をつける

元のすそ線から5cmのところに印をひき、3つ折り分のぬいしろとして1cm＋1cmで2cmとります。すそ出しをする場合はぬいしろ分としてこの幅を確保できるようにしてください。正面から見て左右対称にするコツは、印をつけるときに脇の線を中心にして布を置き、そのまま印をつけて裁断することです。

4. 裁断をする

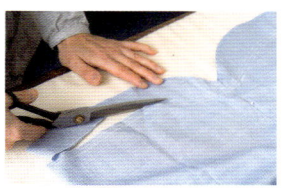

一番外側の印を裁断します。すそ出しの場合は切らないで、そのまま5へ進みます。

5. 3つ折りして、マチ針を打つ

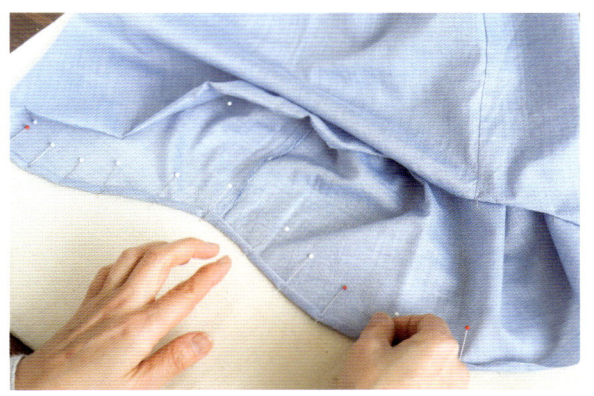

ぬいしろが少ないので、アイロンではなく、手で自然な折り目をつけていきます。カーブしているところは細かくマチ針を打ちましょう。

6. すそをぬう

並ぬい P.13 へ

並ぬいですそをぬっていきます。ぬい目がキレイになるように表側からぬいます。ぬいしろが細いのではずれないように注意しましょう。（見やすいよう糸の色を替えています）

仕上がりはこのようになります。ミシン目をイメージして細かくぬいましょう。

完成！

point GOOD

チャコはカッターなどで研いで！

細かい印をつけるなら、チャコはカッターなどで研いで、正確に細い線がひけるようにしておきましょう。

お尻は入るのにウエストがきつい！ゆるい！
ウエスト出し・つめ

CASE1

両脇のぬい目をほどいて、ウエストをお直しするスカート

両脇のぬい目をほどいてウエストの幅のお直しをする方法です。ここでは両脇合わせて4cmウエストをつめます。

難易度 ★★★

ヨークのついたスカート

start!

ファスナーは後ろについてるよ！

ヨークだよ！

両脇にファスナーやポケットはなく、ヨークがついたシンプルなタイトスカートです。

1. スカートの構造

① 見返し
前身頃 ＜裏＞
③ 脇からつめる
② ヨーク
脇からつめる
＜表＞
後ろ身頃

表部分と、裏側の見返し部分、どちらもぬい目をほどいてつめ直します。ウエストを出す場合は脇のぬいしろとして最低1cm残せる分量があるかを事前に確認しておきましょう。

2. 仕上がり幅を決める

ウエストからマチ針を縦に打ち、腰の位置まで自然にカーブするようにします。試着して幅を調整します。

30

3. ぬい目をほどく

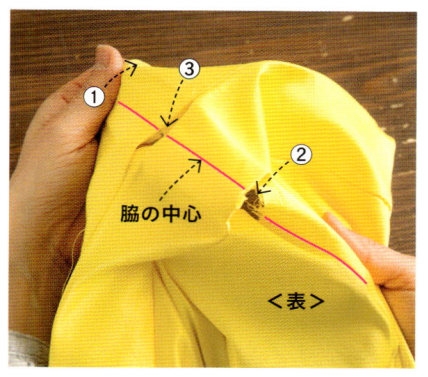

左ページの写真図を参照

裏側から、見返しと表布をとじ合わせている部分（①）、表布とヨークをぬい合わせている部分（②）、見返しとヨークをぬい合わせている部分（③）の3カ所を、両脇の中心から左右に7～8cmほど目打ちでほどきます。

4. 印をつける

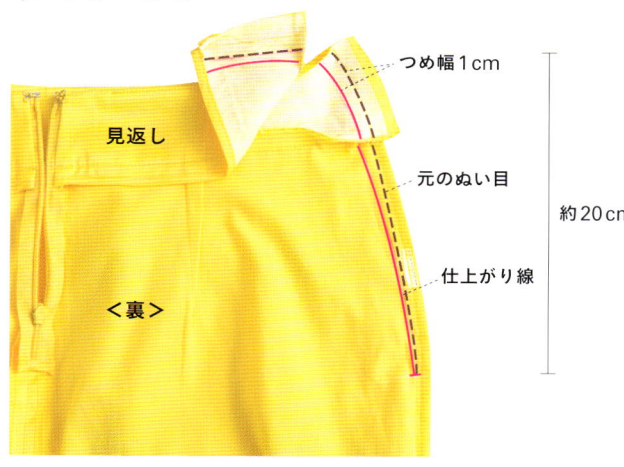

アイロンをかけてぬいしろを軽く伸ばし、印をつけます。両脇で4cmつめたいので、ウエストに1cm印をつけます。ウエストから約20cm下をヒップ位置とし、なだらかなカーブでつなげます。見返し部分は身頃と反対向きに印をつけます。

5. ぬい合わせる

本返しぬい P.13 へ

印にしたがって、仕上がり線を本返しぬいでぬい合わせます。このとき元のぬい目はまだほどかないようにしましょう。表布、見返し部分は別々にぬいます。

6. ぬいしろを切る

ぬい合わせた仕上がり線から1cm測り、ぬいしろを切ります。元のぬい目が残った場合はぬい目をほどいておきましょう。ぬいしろはアイロンで左右に割っておきます。

7. ①と②をそれぞれぬい合わせる

並ぬい P.13 へ

裏側から①と②をそれぞれぬい合わせましょう。少し細かめに、並ぬいで2～3針ぬったら1回返します。このとき、表布とヨークの脇の線がズレないようにしましょう。

8. アイロンをかける

表に返して、アイロンで押さえるように整えます。ぬい目が落ち着き、仕上がりがキレイになります。

9. 見返しと表布をとじ合わせる

スカートを元の状態に戻し、表布と見返しを表からぬい合わせましょう。ぬい目をほどいていない箇所のミシン目と同じになるよう、本返しぬいで細かくぬいます。

完成！

ウエスト出し・つめ

CASE2　後ろ中心のぬい目をほどいて、ウエストをお直しする パンツ

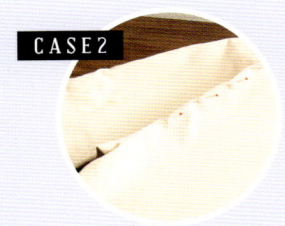

難易度 ★★★

パンツやキュロットなど、お尻のぬい目をほどいてウエストをお直しします。方法はCASE1と同様です。ここでは3cmウエストをつめます。

サイドファスナーのパンツ

start!

1. パンツの構造

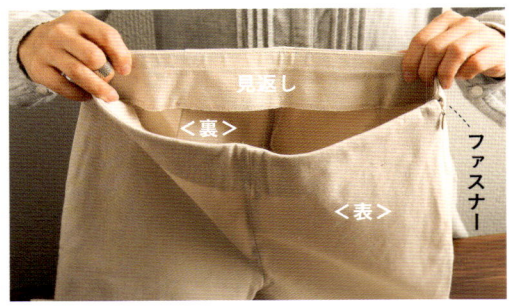

見返し　＜裏＞　ファスナー　＜表＞

サイドにファスナーがついていて、見返しのついた構造です。見返しはP.30〜でお直ししたスカートと同様のものです。

2. 仕上がり幅を決める

マチ針を縦に打ち、自然なカーブにします。試着して幅を調整します。決まったらお直しがなんcmか測っておきます。

気をつけて脱いでね！

3. 見返しの後ろ中心に印をする

パンツの後ろ中心

見返しの後ろ中心にチャコで印をつけておきます。パンツの後ろ中心のぬい目に合わせればOKです。

4. ぬい目をほどく

3〜4　3〜4

ウエストと見返しのぬい合わせを、後ろ中心から左右に3〜4cmほどきます。ほどいた後、3で印をつけた見返しの後ろ中心を裁断しておきます。

ベルトはついてないよ

ベルトがついている場合は、はずすか、切り込みを入れるので難易度が高くなります。

5. 印をつける

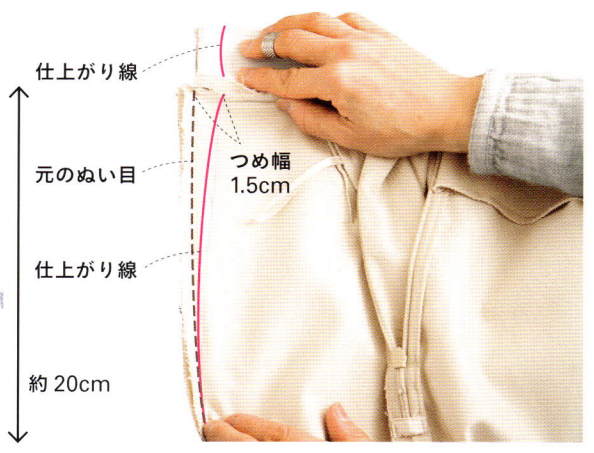

- 仕上がり線
- 元のぬい目
- 仕上がり線
- つめ幅 1.5cm
- 約20cm

アイロンをぬいしろに軽くかけて、印をつけやすいよう伸ばしておきます。ウエストからなだらかなカーブをひいて、お尻の一番出ているところぐらい（約20cm下）まで伸ばしていきます。見返しは表布と合わせるので反対向きにひきましょう。

6. ぬい合わせる

本返しぬい P.13 へ

表布、見返しをそれぞれ本返しぬいでぬいます。ほどけやすく、力のかかるところなので、糸をひっぱりながら細かくぬいましょう。ぬい終わったら元のぬい目をほどいておきます。（見やすいよう糸の色を替えています）

7. アイロンでぬいしろを割る

表布、見返しのぬいしろをアイロンで（左右に）割ります。お直しする服のぬいしろが片倒しの場合は片倒しにします。ぬいしろが5〜6cmあるときはぬいしろを3cmぐらいまで切り、巻きかがり（P.14）をしておきます。

8. 表布と見返しをぬい合わせる

最初にほどいた表布と見返しを、本返しぬいでぬい直します。ぬい終わったら元の状態に戻し、アイロンで押さえるように整えます。ぬい目が落ち着き、仕上がりがキレイになります。

9. 見返しをとめる

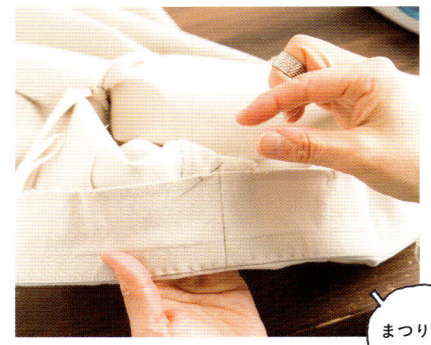

まつりぬい P.14 へ

見返しを表布のぬいしろ部分にだけ、まつりぬいでぬいとめます。中心線を合わせるようにしましょう。

point☆ GOOD

しっかりぬったぬい目はほどけない

本返しぬいで細かくしっかりぬうと、強く引っぱってもぬい目が開きません！

完成！

袖の長さが中途半端…！

袖つめ

CASE1 カフスをはずして袖をつめるシャツ

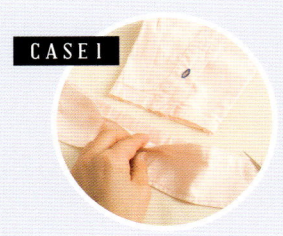

袖口から長さをつめてお直しをします。袖の長さを出すには構造上ぬいしろが足りない場合が多いので省略しています。

難易度 ★★☆

カフスのあるシャツ

start!

これがカフスだ！

ボタンのついた別布の袖のこと。ほかには、すそをまつっている袖や3つ折りしている袖などがあります。

1. 仕上がり丈を決める

マチ針は横に打つ！

袖口からではなく、上腕部などで袖を折ってサイズを測ります。ここでは1cm折り重ねたので、2cm長さをつめます。

2. タックからの位置を測る

タック　剣ボロ

裁断後、カフスと袖まわりの長さを合わせるのに、タックで調整をします。剣ボロからタックまでの長さを測っておきましょう。ここでは1.9cmでした。

3. カフスをはずす

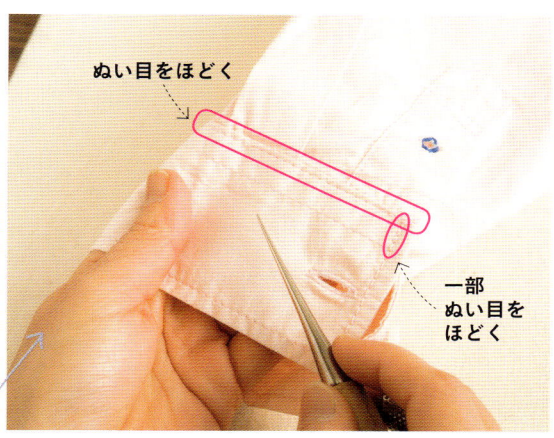

ぬい目をほどく

一部ぬい目をほどく

袖とぬい合わせている、カフスのぬい目をほどきます。糸を切らないようにしながら目打ちでほどきましょう。

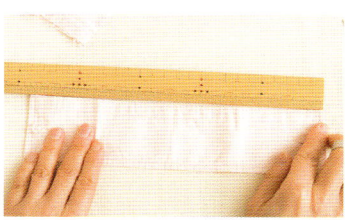

はずれた！

カフスの長さを測っておきます。ここでは24cmでした。

ぬいしろの長さも測っておきます。ここでは1cmでした。

4. 印をつけて、裁断をする

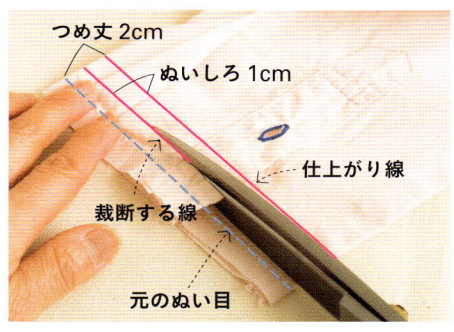

つめ丈 2cm
ぬいしろ 1cm
仕上がり線
裁断する線
元のぬい目

つめ丈2cmをひき、ぬいしろ1cmを足して、裁断します。

5. 袖の長さを測り、タックをとる

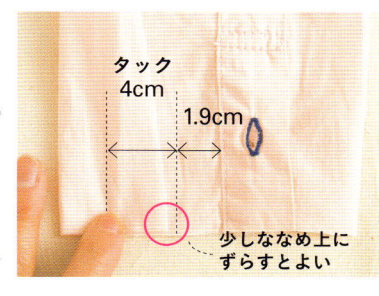

タック 4cm
1.9cm
少しななめ上にずらすとよい

裁断した袖まわりの長さは28cmでした。28(袖の長さ)－24(カフスの長さ)＝4cmで、4cm分のタックをとります。2で測った剣ボロからの位置1.9cmの位置にタックの先を合わせます。

6. カフスをマチ針でとめる

カフスの間にはさむようにして袖を入れ込みます。袖のぬいしろの位置にカフスの元のぬい目がくるようにします。ずれないように細かくマチ針でとめましょう。

裏のぬい目がカフスから出ないように！

7. しつけをしてぬう

本返しぬい P.13 へ

ズレないようにしっかりしつけをして、本返しぬいをしていきます。ぬい始めの玉はカフスの中にかくすようにします。ほどいた元のぬい目にそってぬうと、仕上がりもキレイです。(見やすいように糸の色を替えています)

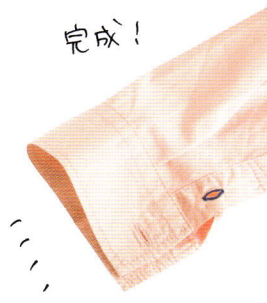

完成！

PART2 サイズのちょこっとお直し　袖つめ

袖つめ

CASE2 袖をはずしてノースリーブにするブラウス

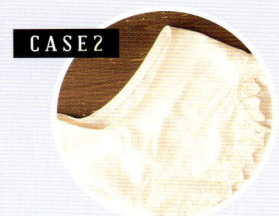

難易度 ★☆☆

長い袖が嫌なので、袖をはずしてスッキリさせることにしました！
ぬいしろをつつむようにバイアステープを脇ぐりにぬいつけます。

リネンの長袖シャツ

start!

1. 身頃から袖をはずす

袖をぬい合わせている糸をほどき、ステッチやロックミシンなどが身頃についている場合はそれもほどいてください。

ぽこっ！

すべてのぬい目をほどくとカンタンに袖がとれます。

2. アイロンをかける

※要なら当て布！

袖とつながっていた身頃のぬいしろに、アイロンをかけて軽く伸ばします。

袖をはずすときに、脇のぬい目がほどけた場合は先にぬい合わせておきましょう。

袖ぐりも直せるよ！

シャツの袖ぐりは大きめにつくられているので、袖ぐりをお直しする場合はP.48を参照しましょう。

3. バイアステープを袖にとめる

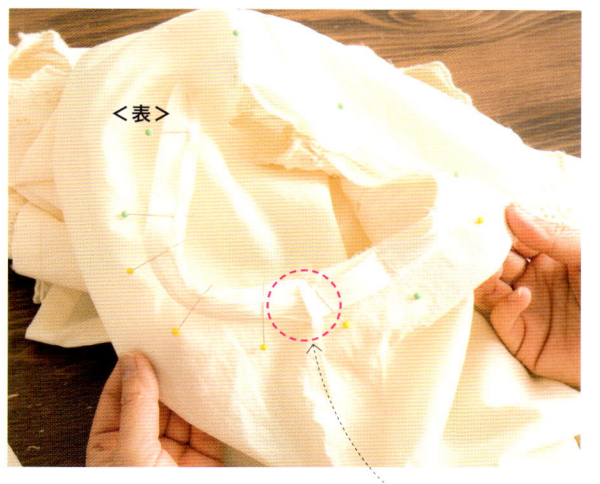

両折りタイプのバイアステープを用意します。（P.23参照）バイアステープの片側を広げて、表側の脇の目立たないところから、マチ針でとめていきます。脇のカーブはあまりバイアステープをひっぱらないようにして、なじませるようにしてとめます。細かくマチ針を打ちましょう。

<表>

・とめ始めは1cmほど折っておく
・とめ終わりは1cmほど重ねる
（P.23参照）

4. ぬい合わせる

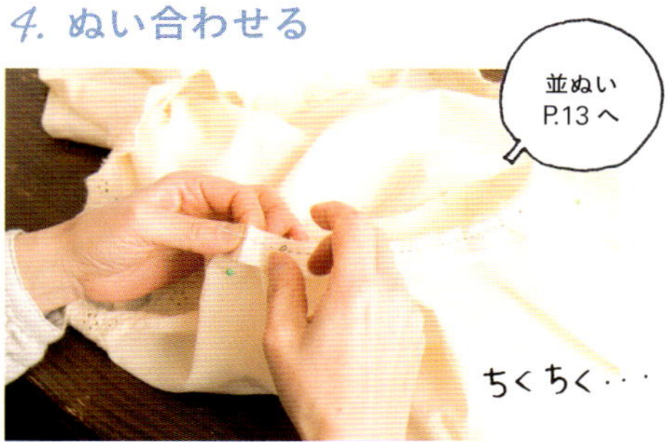

並ぬい P.13へ

ちくちく…

広げた折り山の線上を並ぬいでぬい合わせます。カーブのところは細かめにしっかりとぬいましょう。（見やすいように糸の色を替えています）

5. 切り込みを入れておく

脇のカーブのところに、いくつか切り込みを入れておきます。バイアステープがカーブのラインに沿いやすくなります。

6. 裏側に折り上げ、アイロンでおさえる

ぬい合わせていないほうのバイアステープを、ぬい目にそって裏側に折り上げます。アイロンでしっかりと押さえておきます。

7. しつけをしてまつる

まつりぬい P.14へ

ズレないようにしつけをしてから、まつりぬいをしていきます。（見やすいように糸の色を替えています）

完成！

丁寧にバイアステープをつけることで、こんなにキレイな仕上がりに！

かわいいでしょー！

PART2 サイズのちょこっとお直し　袖つめ

もっと細身に着こなしたい！
身幅を細くする

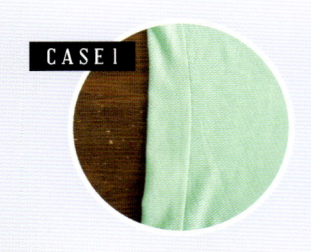

CASE 1

両脇のラインをつめて、上身頃を細くする Tシャツ

難易度 ★☆☆

サイズが大きい、ラインが気に入らないなど、身幅を脇からぬい直して調整します。ここではTシャツの身幅を細くします。

ゆったりサイズのTシャツ

start!

1. 仕上がり幅を決める

針を下にして、マチ針を縦に打ち、脇の下からなだらかにカーブをつけます。腰のあたりでラインを元のぬい目に戻しましょう。

気をつけて脱いでね！

理想のラインに！

手ぬいができる素材であれば、シャツやカットソーなどほかのデザインにも応用できます。

point★ **GOOD**

ウエストは2〜3cm上がベスト！

自分の本来のウエスト位置より、2〜3cm上にウエストを設定すると、足長効果もあって、キレイなラインに見せられます！

2. 印をつける

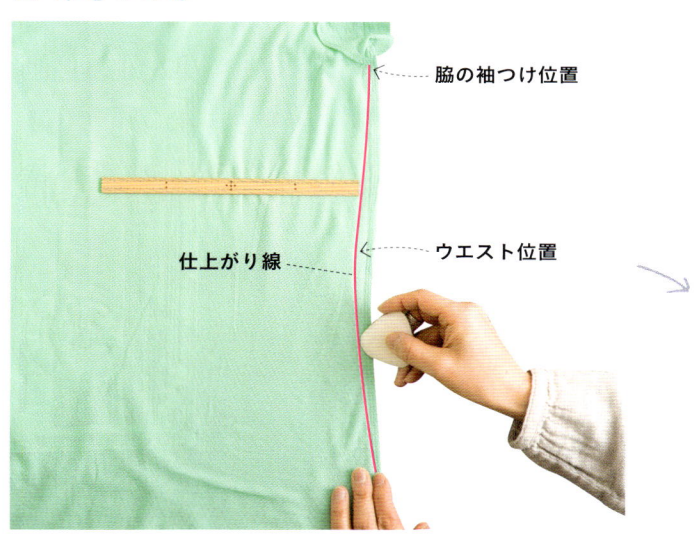

脇の袖つけ位置

仕上がり線

ウエスト位置

マチ針にしたがって、仕上がり線をひいていきます。ウエストは一番細く、上下は自然なラインになるよう意識しましょう。

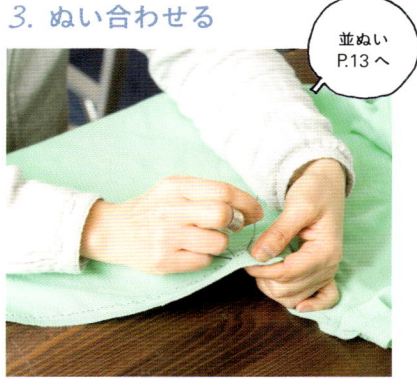

3. ぬい合わせる

並ぬい
P.13 へ

細かく並ぬいでぬい合わせていきます。2～3針ぬうごとに1針返して、しっかりとぬいます。

4. アイロンでぬいしろを倒す

必要なら当て布！

元のぬいしろが片倒しだったので、アイロンでぬいしろを片倒しにします。ぬいしろが左右に割られていた場合はぬいしろを割りましょう。また、つめてぬいしろが多くなってしまった場合は2cm程度に切り、巻きかがりをしておきましょう。

5. 仕上がりを確認する

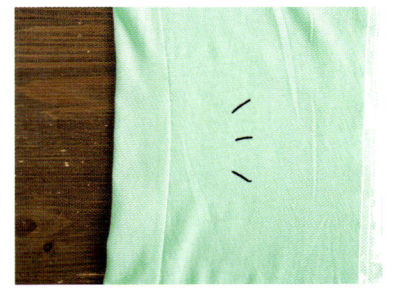

きちんとぬえていれば、引っぱってもぬい目は見えません。

完成！

PART 2　サイズのちょこっとお直し　身幅を細くする

身幅を細くする

CASE2
ダーツをとって、上身頃を細くするシャツ

難易度 ★★☆

「ダーツをとる」とは、きり状につまんで、身幅を細く立体的にすることです。まっすぐなラインのシャツにダーツをとって、ウエストラインをしぼります。

幅の広いシャツ *start!*

1. ダーツのサイズを決める

バストトップの下2cmから、マチ針を縦に打ち、ダーツをとめていきます。試着をしてダーツの分量を調整します。

2. ダーツの印をつける

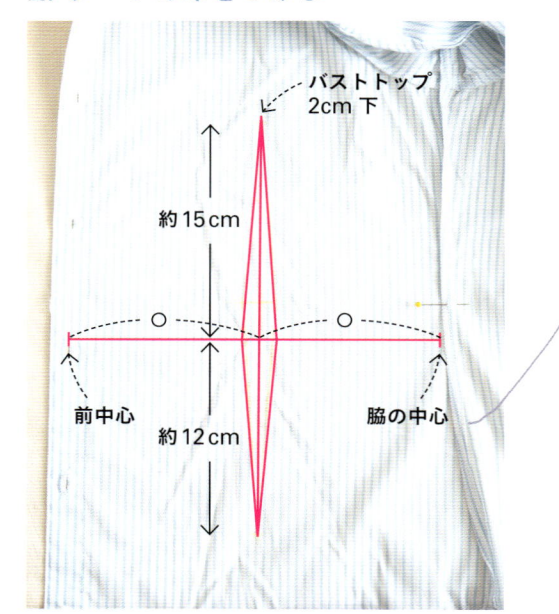

バストトップ 2cm下
約15cm
前中心　　約12cm　　脇の中心

つまんだダーツの幅をものさしで測り、身頃に印をつけます。バストトップ2cm下から、15cmぐらいの位置に一番ダーツの分量を多くとります。（前中心と脇の中心の間ぐらい）下は12cmぐらい下までダーツを伸ばします。

ダーツってこんな感じ！

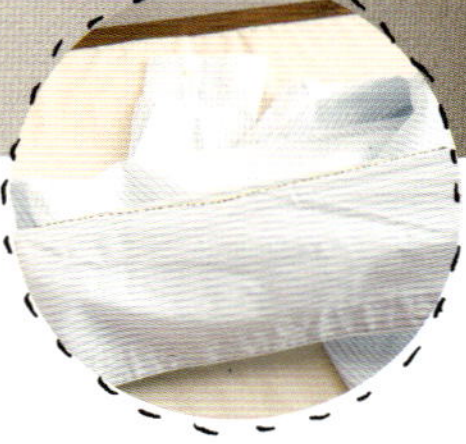

バストトップの少し下からつまみ、ウエスト位置が一番細身になります。フォーマルなシャツに多いデザインです。

3. ダーツをぬう

ダーツを縦半分に折り、マチ針を打ってから
ダーツをぬい合わせます。

> 並ぬい
> P.13 へ

ダーツは並ぬいで2〜3針ぬうごとに
1回返しぬいをしていきます。

4. アイロンでぬいしろを倒す

アイロンでぬいしろを片倒しにします。（脇、
中心のどちらでもOK）布がゆがまないように
ダーツを引っぱりながらかけます。

ダーツが
ぬえたよ！

完成！

ダーツをとったこと
により、立体感が出
て、ウエスト位置が
くびれました。

PART2　サイズのちょこっとお直し　身幅を細くする

身幅を細くする

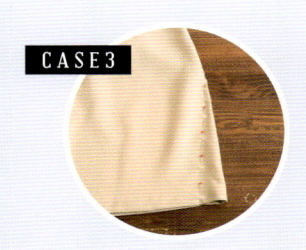

CASE3

両脇のラインをつめて、下身頃を細くするスカート

難易度 ★★★

今度は下身頃の幅を細くしてみましょう。
両脇のラインをぬい直して、好みの形にお直しします。

start!

台形型スカート

まっすぐな
ラインに！

台形スカートの広がっていくラインを、まっすぐにお直しします。よりタイトにしたい場合はラインを内側に向けて下げていきます。

1. 仕上がりサイズを決める

マチ針を縦に打ち、まっすぐなラインになるようとめます。
試着をしてラインを調整します。

つめるサイズを
測っておくよ！

2. すそをほどき、アイロンをかける

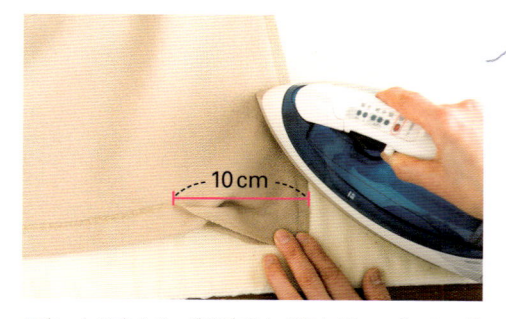

10cm

スカートのすその、脇の中心から左右10cmずつぬい目をほどき、折り目にアイロンをかけて、軽く伸ばします。

3. 印をつける

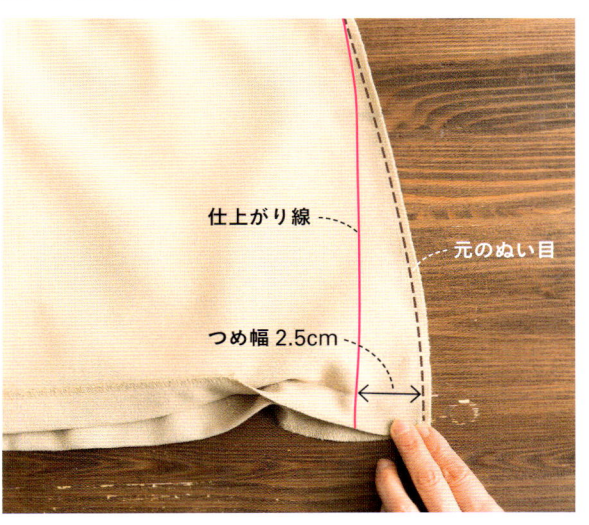

仕上がり線 ---- 元のぬい目
つめ幅 2.5cm

仕上がり線をひきます。すそ位置のつめ幅2.5cmに印をつけて、腰位置から線をひいていきます。

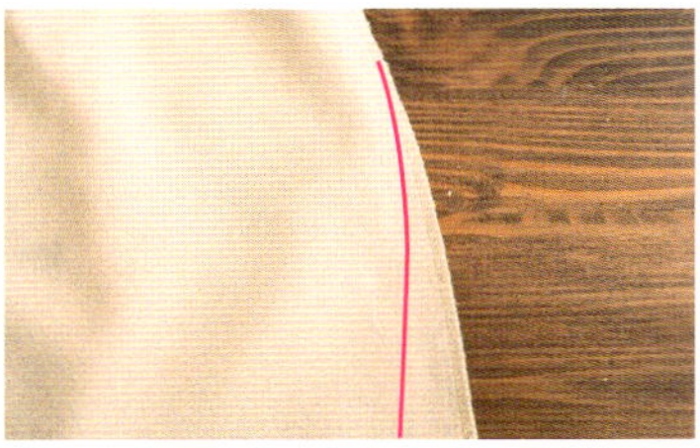

腰の位置は、無理な直線をひいて、仕上がりが不自然な角にならないよう、なだらかなカーブをつけます。

すそのぬいしろは、スカートと合わせるので反対の向きに線をひきます。

4. 仕上がり線をぬう

並ぬい P.13へ

並ぬいで4〜5針ぬうごとに1回返しぬいをします。ぬい終わったら、アイロンでぬいしろを片方に倒しておきます。

5. ぬいしろを切る

ぬいしろが多いときは切っておきます。スカートの場合、ぬいしろは1.5cmぐらいがgood!

6. ぬいしろを巻きかがりにする

ぬいしろを巻きかがりにして、布の端から糸がほつれてこないようにします。ほどいたすそを、まつりぬいをして元に戻します。

巻きかがり まつりぬい P.14へ

完成！

やったね！

PART 2 サイズのちょこっとお直し 身幅を細くする

身幅を細くする

CASE4 内股・外股のラインをつめて、下身頃を細くする パンツ

難易度 ★★★

内股と外股をつめて、足にぴったりした細いラインにします。ぬいしろに余裕があれば、パンツを太くすることも可能です。

ストレートのゆったりパンツ

start!

1. 仕上がり幅を決めておく

内股のマチ針を試着しながら調整するのは難しいので、サイズを決めるときは外側だけにマチ針を打ちます。

マチ針は片側だけ！

つめサイズを測ると3cmなので、両股で1.5cmずつつめることにします。

すそも直すよ！

両脇をぬい直すので、すそもほどき直します。すその丈もお直ししたいときは同時に直すといいでしょう。

2. すそをほどき、アイロンをかける

すそのぬい目をほどき、折り目にアイロンをかけて、軽く伸ばします。

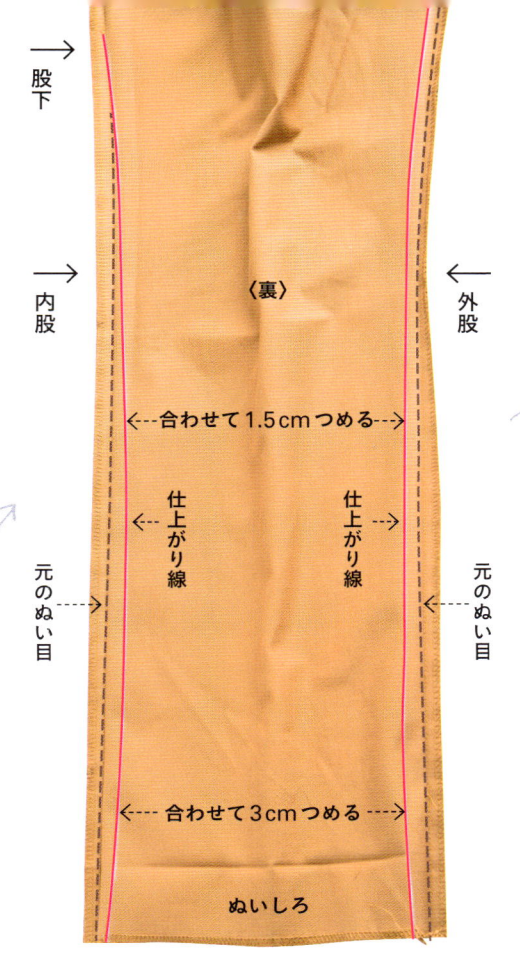

股下 →

→ 内股　〈裏〉　外股 ←

←‑‑合わせて1.5cmつめる‑‑→

←仕上がり線　仕上がり線→

元のぬい目　元のぬい目

←‑‑合わせて3cmつめる‑‑→

ぬいしろ

4. 印をつける

股下から、仕上がり線をなだらかにひきます。内外股合わせて、すそで3cm、足のつけ根からすそまでの中間位置で1.5cmつめるようにします。

5. 仕上がり線をぬう

並ぬい P.13 へ

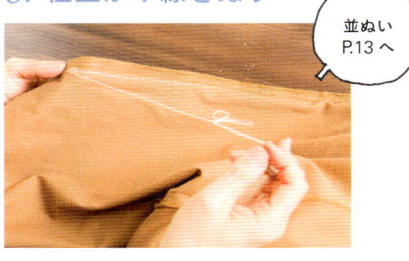

並ぬいで4〜5針ぬうごとに1回返しぬいをします。（見やすいように糸の色を替えています）

6. アイロンでぬいしろを倒す

アイロンでぬいしろを片倒しにします。ぬいしろが多いときは1.5cmぐらいに切っておきます。

7. すそをまつる

まつりぬい P.14 へ

しつけをしてから、すそをまつりぬいします。

point

ひっぱっても裂けない！

股は力のかかるところなので、裂けないよう、細かくぬいましょう。とくに、内股のひざから上ぐらいのところです。

7. ぬいしろを巻きかがりにする

ぬいしろを巻きかがりにして、糸がほつれるのを防ぎます。

巻きかがり P.14 へ

完成！

PART2　サイズのちょこっとお直し　身幅を細くする

キャミソールの肩ひもが長い！

肩ひもをつめる

CASE 1

肩ひもをはずして長さを調整する、キャミソールワンピース

難易度 ★★★

後ろ身頃のパイピングをはずして、中にぬい込まれていた肩ひもを出し、長さを調整します。

キャミソールワンピース

start!

1. この服の構造

ここをはずして
ひもをつめる

パイピングテープ

襟ぐりに、共布で布端をくるんだパイピングがしてあります。このパイピングの中から肩ひものぬいしろを取り出します。なんcmつめるか決めておきましょう。

いろんなタイプがあるよ！

肩ひもにはさまざまな種類があります。ひもの肩中心にぬい目があるときは、そこから調整してもOK！

2. パイピングのぬい目をほどく

肩ひもの上にぬいつけてある、パイピングのぬい目をほどきます。

3. 肩ひもをはずす

パイピングをはずして、肩ひもがはずれた状態です。

4. 印をつける

つめるサイズの仕上がり線（2cm）とぬいしろの線（0.7cm）をひきます。

5. 仕上がり線をぬう

本返しぬい P.13へ

肩ひも
パイピングテープ
身頃

肩ひもと身頃を中表に合わせて、本返しぬいでぬい合わせます。パイピングはよけておきましょう。（見やすいように糸の色を替えています）

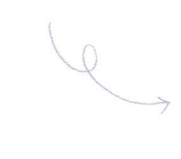

6. 裁断する

ぬいしろを残して、肩ひもを切ります。ぬいやすいように、ぬい終わってから肩ひもを切ります。

7. パイピングをぬう

パイピングをかぶせて元に戻し、ぬい合わせます。表から見てキレイに仕上がるように、表から本返しぬいをします。（見やすいように糸の色を替えています）

元のぬい目にも重ねるようにして、しっかりぬいます。

完成！

PART2　サイズのちょこっとお直し　肩ひもをつめる

ノースリーブの脇からブラが…!!

袖ぐりのつめ

CASE1 身頃をつまんで、袖ぐりを上げる **ノースリーブブラウス**

難易度 ★★★

袖ぐりが広いと、下着が見えて着こなせない場合も……！
身頃の脇からつめて、袖ぐりを狭くします。

ゆったりサイズのノースリーブ

start!

1. 仕上がりサイズを決める

マチ針を縦に打ち、脇のラインを狭くするようにとめます。試着をしてサイズを調整しましょう。決まったらサイズを測っておきましょう。

パイピングテープだよ！

前ページ（P46）のキャミソールの襟ぐりと同様に、パイピングがぬいつけてあります。

2. アイロンをかける

片倒しになっているぬいしろに、アイロンをかけて軽く伸ばします。

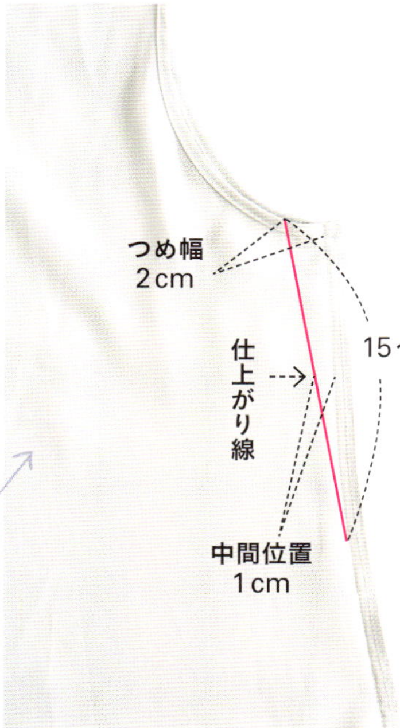

前中心

つめ幅 2cm
仕上がり線
15〜20cm
中間位置 1cm

3. 印をつける

脇の袖つけ位置から印をつけます。自然なラインになるように、15〜20cmぐらい下までラインをひきます。2cmつめるので、中間位置が半分の1cmぐらいつめるようにしましょう。

4. 仕上がり線をぬう

並ぬい P.13へ

並ぬいで仕上がり線をぬいます。4〜5針ぬうごとに1回返しぬいをします。

5. ぬいしろを切る

ぬいしろが多くなったので、元と同じ1cmになるように印をつけて切ります。

6. ぬいしろを巻きかがりにする

ぬいしろを巻きかがりしていきます。切っていない部分のロックミシンの箇所と数cm重ねておきます。

7. アイロンでぬいしろを倒す

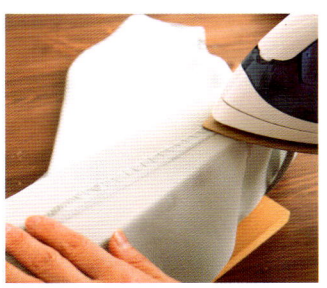

元と同じように、ぬいしろを片倒しにします。

8. ぬいしろをとめる

ぬいしろを身頃にぬいとめます。パイピングのぬい目の上にぬい目を重ねるようにして、本返しぬいでぬって、落ちつかせます。しっかりとめて、浮いてこないようにします。

完成！

PART2 サイズのちょこっとお直し　袖ぐりのつめ

前かがみで胸もとまる見え！

襟ぐりのつめ

CASE1 肩をつまんで、襟ぐりを上げる**カットソーTシャツ**

難易度 ★★★

襟ぐりが広いときは、肩のぬい目をほどいて上げます。
前身頃が落ちつき、胸元のラインに沿うようになります。

襟ぐりが広いトップス

start!

1. この服の構造 ＼左肩！

襟ぐりにぐるっとリブがぬいつけてあるデザインです。左肩はリブのぬい合わせがあり、右肩はぬい合わせがありません。

右肩！

2. 左肩のぬい目をほどく

1cm残す

左肩のぬい合わせをほどきます。袖のつけ線から1cm残るようにほどいておくと、後でぬい合わせやすくなります。

肩からつめる！

ポイントは両身頃の肩ではなく、前身頃の肩だけをつめること。

3. 接着テープを貼る

カットソー素材は伸びやすいので、後ろ身頃の裏側、ほどいたぬい目の中心だけ接着テープ（アイロン片面）を貼っておきます。（見やすいよう接着テープの色を替えています）

4. 印をつける

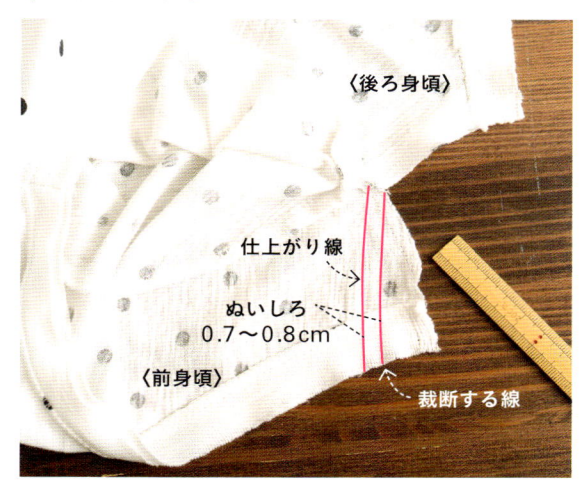

〈後ろ身頃〉
仕上がり線
ぬいしろ 0.7〜0.8cm
〈前身頃〉
裁断する線

前身頃につめ丈2cmをひき、ぬいしろを0.7〜0.8cmになるように印をつけ、裁断しておきます。

5. 仕上がり線をぬう

肩を本返しぬいでぬいます。ぬいしろは片倒しにして、肩中心のぬい目から0.5cmはなれたところを表からぬいとめておきます。

本返しぬい P.13へ

6. 右肩のぬい目をほどく

右肩のリブのぬい目を肩の中心から左右1cmずつぐらいほどきます。

7. 右肩のパイピングを切っておく

1cm ずらして切る
〈前身頃〉

袖ぐりから1cmほど残るように肩のぬい目をほどきます。リブはぬいしろを確保するために、中心から1cmほどずらして前身頃の方を切ります。

8. 印をしてぬい合わせる

つめ丈 2cm
ぬいしろ 0.7〜0.8cm

前身頃につめ丈2cmをひき、ぬいしろを0.7〜0.8cmになるように印をつけ裁断しておきます。本返しぬいでぬい合わせます。

完成！

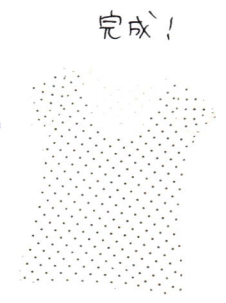

PART2 サイズのちょこっとお直し 襟ぐりのつめ

column1
まだある便利なお直し道具

これも持っておくと便利、というものをご紹介します。

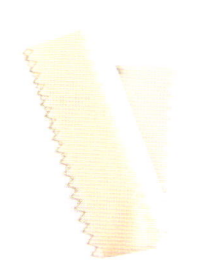

すそ上げテープ

市販のすそ上げテープは、やはりとても便利。お直ししたい丈にすそを折って、すそと表布を接着テープでとめるだけです。接着面がはがれてくることもあるので、心配なときはテープの上下をまつりぬいするといいでしょう。

両面熱接着テープ

破れの補強などでよく使う、片面の接着テープとは違い、両面が接着になっていて、アイロンで熱をあてると溶けてなくなるテープです。共布など、あて布を貼りたいとき(P.57)に、のり代わりとして使用します。

洋裁ロウ

ロウの固まりで、ロウ引きと言って、糸やファスナーなどのすべりを良くするために使います。ロウの上に糸を置いて指でおさえます。反対の手で糸を引くとロウがつく仕組みです。ティッシュなどにはさみアイロンで軽く押さえてロウをしみ込ませます。

ループ返し

細い筒状になったもの(布袋の持ち手や、定規袋など)を、表から裏、裏から表へとひっくり返すのに使います。棒の先についたフックで生地をひっかけて、内側から生地を反対にします。奥に入ってしまった、ウエストのゴムを引っぱり出すのにも使えます。

PART 3
トラブルレスキュー!! ちょこっとお直し

裂けた！　取れた！　破れた！
着たいときに限って巻き起こるお洋服の緊急トラブル。
ちょこっとお直しで解決！

★ RESCUE 01

ボタンが取れた！

ボタンはとくに力がかかるパーツです。気づけばまた取れかかっている、なんてことが多いもの。丈夫なボタンのつけ方は覚えておきたいです。

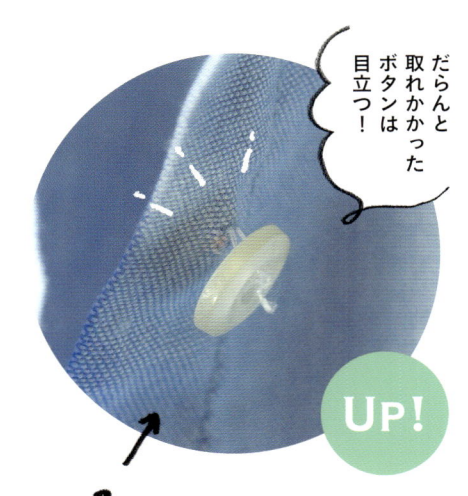

だらんと取れかかったボタンは目立つ！

UP!

Oh No!

意外と知らない取れにくいボタンのつけ方！

自己流の人も多いボタンつけ。本格的にボタンをつけると、指の力を使うので結構大変ですが、一度つけたらなかなか取れません。

🔖 One Point Advice

ボタンの裏についているチカラボタンって何？

コートやジャケットの大きなボタンの裏についている、小さなボタン。脱ぎ着が多く、力がかかる服の場合に、生地が傷まないよう力を分散させる役割をしています。裏方的存在ですが、これがあるとないとでは大きな違いがある、縁の下の力持ちです。

ボタンのつけ方

1 ボタンをぬいつける
糸は2本取りにして玉結びをしておきます。（P.12参照）元々ボタンがついていた位置に再度針を刺し、ボタン穴に糸を通します。

2 布から糸を浮かす
これぐらいあける！

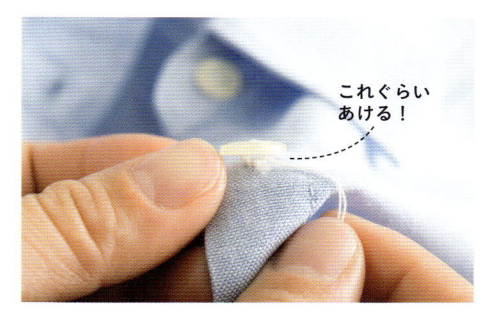

4つ穴ボタンの場合、平行か十字に糸を2〜3回重ねます。布とボタンの間はボタンにかける布の厚みを想定して、あけておくといいでしょう。

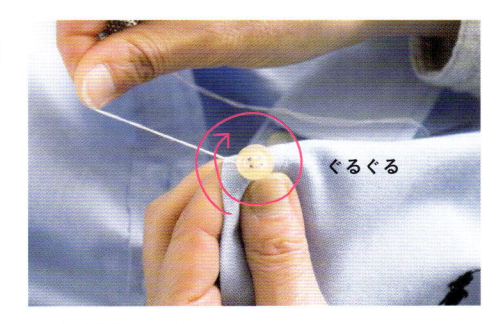

3 糸を巻きつける
ぐるぐる

布とボタンの間の糸を補強するために、糸をぐるぐると2〜3回巻きつけます。糸をひきながらしっかり巻きつけましょう。

4 糸を結ぶ
輪に通して結ぶ！

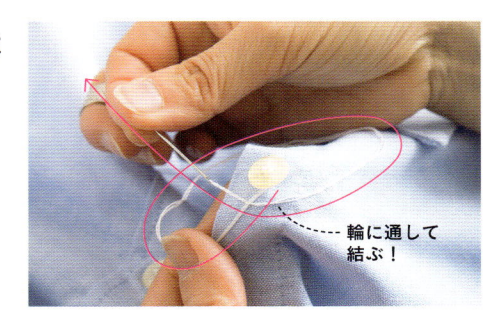

巻きつけた糸を輪にして、針を通して引き抜き、糸を結びます。これも力を入れて引き抜きましょう。

5 針を刺し通す
巻きつけた糸に、針を通して引き抜きます。ほつれないよう、より強力にするためです。これを2度ほどくり返します。

6 かくし糸をする
ボタンのつけ根に針を刺し、1.5cmほど離れたところで針を出して、かくし糸にします。（P.12参照）これでボタンつけの完成です。

PART3 トラブルレスキュー!! ちょこっとお直し　ボタンが取れた

★ RESCUE 02

虫食い穴を発見！

大事にしまっていた洋服に、小さな虫食い穴‼ 大丈夫、よく見ないと分からないぐらいにお直しすることができますよ！

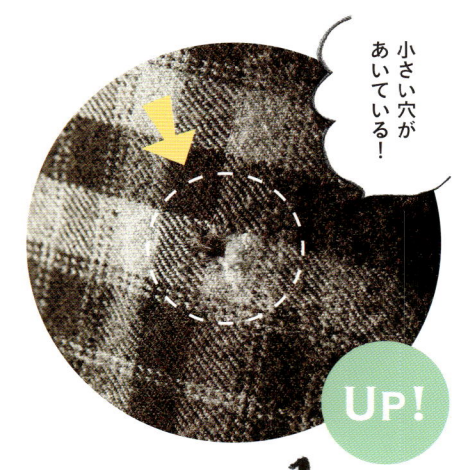

小さい穴があいている！

UP!

Oh No!

共布（ともぬの）を使って穴を下からかくしちゃいます！

ポイントは、お気に入りの服ほど共布を保存しておくこと！ ない場合は似た生地で対応します。

🎈 One Point Advice
大きい穴はアップリケでキュートにアレンジ♪

共布や似たような生地がないときには、思いきってアップリケでアレンジ！ かわいいアップリケがあれば、洋服のオシャレ度もアップします。穴の下に、あえて目立つ色の生地を使ってみてもいいかも。アレンジ次第でいろいろ楽しめます♪

共布を使った穴のとじ方

1 共布を用意する
洋服を購入すると、替えのボタンと一緒についてくる場合も。もし共布がない場合は、ぬいしろなど見えない箇所から、少し切り取って使うといいでしょう。

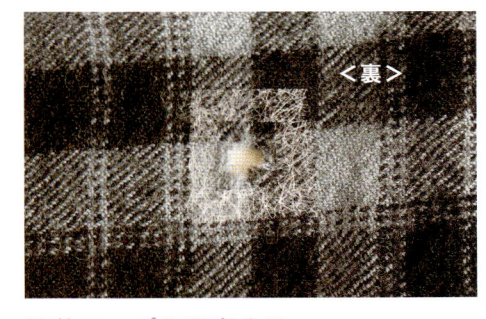

2 接着テープを用意する
穴がかくれるぐらいの大きさに切った、両面タイプの接着テープを用意します。生地の裏から穴の上にのせておきます。

3 共布をのせる
共布を、接着テープと同じ大きさ（少しだけ大きいくらいがよい）に切り、接着テープの上にのせます。柄がある生地は、柄がつながるようにしましょう。

4 接着をする
アイロンをあてて、共布と表布を接着をします。

5 穴をかがる
表から、穴のまわりをかがります。飛び出た糸はしを押さえるようにして、細かいぬい目で写真のように小さくかがります。（かがる→P78参照）

6 仕上がり
完成した仕上がりです。穴をかがって、まわりをなじませましたので、ぱっと見では分からないほどになります。

PART3 トラブルレスキュー!! ちょこっとお直し　虫食い穴

ニットの穴の直し方

1
ニットにあいた大きな穴！

セーターなど大きな編み目のニットの場合、穴があくと目立ってしまいます。これをうまくぬい合わせてとじます。

2
糸をすくう

針を裏から刺し、表から穴のまわりの編み目を一目ずつすくうようにしていきます。すくいもれのないようにしましょう。

3
糸をひっぱる

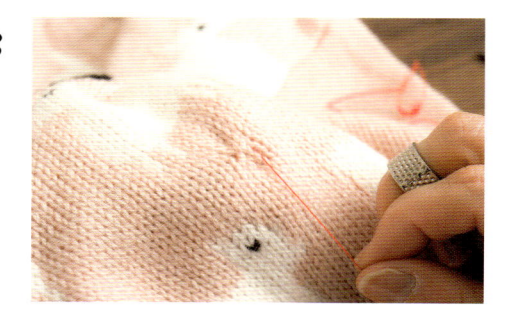

ぐるっと編み目をすくい終わったら、糸をひっぱって穴をとじます。あまりひっぱり過ぎると周囲もつられてしまいます。穴が見えなくなるぐらいでOK。

4
ニットの端をぬいとめる

針を穴の中心から裏に出します。ひっぱったことにより集まったニットの端を、落ちつかせるようにぬいとめます。（見やすいように糸の色を替えています）

5
玉どめをする

ニットの端が落ちついたら、玉どめをして完成です。

6
仕上がり

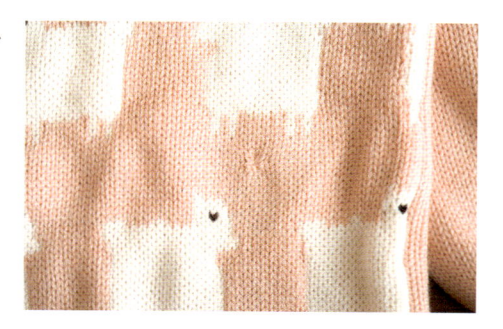

穴がキレイにとじた状態です。強くひっぱり過ぎると、ニットが寄って目立ってしまうので気をつけましょう。

穴を刺繍でアレンジする

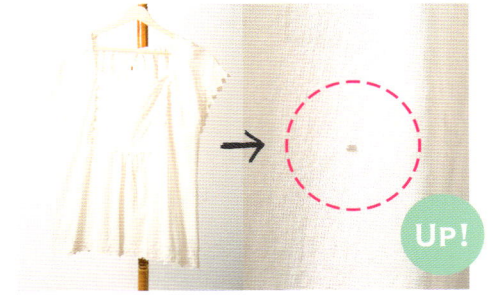

1 ブラウスの小さな穴
ナチュラルな綿素材のブラウスです。小さな穴が2つあいたので、これを利用して刺繍でアレンジします。

2 刺繍をする
刺繍糸を使って、お花とツタの刺繍をしました。穴はあけたまま、周囲を刺繍してお花にします。

3 接着テープを貼る
糸のほつれや補強のため、穴より大きめに接着テープ（アイロン片面）を丸く切り、穴の裏からアイロンで接着します。

4 穴をハサミであける
穴を利用して刺繍をするので、穴にかかってしまった接着テープを、表からハサミで切り取ります。穴を広げないように注意しましょう。

5 穴を刺繍します
針に糸をかけて鎖状にする、チェーンステッチで穴のまわりを刺繍します。刺繍糸は2本でぬいます。

6 仕上がり
穴をあけたまま、刺繍でアレンジしたお直しの完成です。裏から接着テープで補強するのを忘れないようにしましょう。

PART3 トラブルレスキュー!! ちょこっとお直し

虫食い穴

✦ RESCUE 03

ぬい目が ほつれた！

ジャケットの肩など、動きのある場所は毎日少しずつ力がかかっています。ぬい目がほどけてくることもよくあります。

糸が切れて、ぬい目がほどけている！

UP!

Oh No!

わたしまつりでマジックのように元どおり!!

裏地や肩パットで裏からぬい合わせることができないときは、わたしまつりで解決します！

🥄 One Point Advice

**パンツやスカートのすそ……
すぐにほどけてくるのはなぜ??**

すそから出ている糸をひっぱったら、一気に糸がほつれてしまったことはありませんか？ ほどけやすいのは既製服をぬうミシンの特徴。まつりぬいもミシンでかけています。それ以上ひっぱらないで糸を切り、結んでおくのがおすすめです。

わたしまつりのお直し

1 ほつれている状態
糸が切れて、ぬい目がほつれてしまった状態。ぱっかりとぬい目がひらいてしまっています。わたしまつりというぬい方で解決します。

2 針を一度通す
← ほつれていないぬい目上から出す

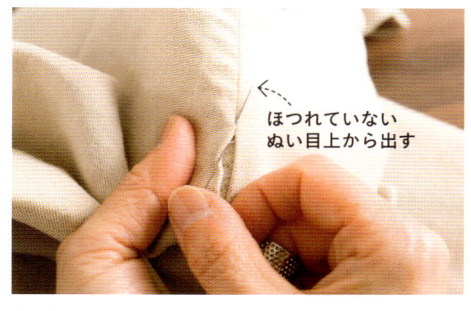

ほつれたぬい目の中に針を通し、ほつれの少しだけ先のぬい目から針を出して、一度抜きます。

3 わたしまつりをする
左右の布を交互にすくうようにして、ぬっていきます。布のギリギリのところをすくわないと、糸が見えてきてしまうので注意しましょう。

4 糸をひっぱりながらぬう
糸をひっぱりながらぬうと、左右の布がひっぱられ、ひらいていたぬい目がとじてきます。糸が見えてないか気をつけながらぬいます。

5 玉どめをする
ぬい終わったら玉どめをします。結び目に針を刺して、ぬい目の下に玉をかくし、かくし糸をすれば完成です。

6 仕上がり
ぬい目がまったく見えず、ぬい終わりの玉もキレイに隠れた状態です。

PART3 トラブルレスキュー!! ちょこっとお直し　ぬい目のほつれ

★ RESCUE 04

かぎざきができた！

かぎざきとは、洋服が釘などにひっかかって布が裂けたり、破けたりすること。かぎ形に裂けることが多いのでこのように言います。

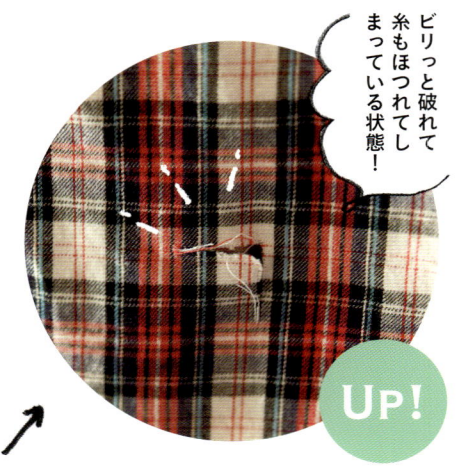

ビリっと破れて糸もほつれてしまっている状態！

UP!

Oh No!

接着テープで補強してぬい目をかがります！

ぬい目がこれ以上裂けたり、糸がほつれてこないよう裂け目をぬい合わせておきます。

🖊 One Point Advice

**かぎざきの直し方-2
タックを取る方法**

破れてしまった生地を、完璧な元通りにするのは難しいですが、お直し方法はいくつかあります。かがった後の糸目が気になるようであれば、破れの部分をつまんでタックで隠すのもいいでしょう。左右両方にとれば、デザインの一つになります。

かぎざきの直し方

1 接着テープを貼る
裏側から、破れの上に接着テープ（アイロン片面）を貼っておきます。接着テープの中心に破れがくるように貼りましょう。

2 破れをかがる
接着テープを貼っただけでも、充分キレイになりましたが、これ以上破れが広がらないように糸でかがっておきます。裏から針を出します。（かがる→P.78参照）

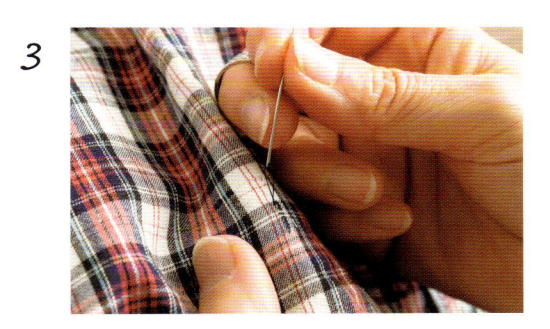

3 細かくかがる
破れの上を、0.3～0.5cmぐらいの幅で左右に往復するように、細かくかがっていきます。

4 糸の色を替える
写真のような、いろいろな色が入っている生地の場合は、糸の色を替えてぬうと丁寧です。紺色が強いところは紺、白いところは白の糸でぬいます。

5 仕上がり
裏に針を通し、玉どめをして完成です。細かくかがれている状態です。ぬい目が見えますが、これぐらいぬっておくと再度ほつれてきません。

PART3 トラブルレスキュー!! ちょこっとお直し 布のかぎざき

RESCUE 05
裏地が裂けた！

P.60同様、動きのかかる場所では裏地も傷みやすいものです。ジャケットの脇など、ぬい目付近で裏地が裂けてくることはよくあります。

脇下のぬい目はビリっと裂けてしまいがち！

Up!

Oh No!

裂け目を重ねてぬい直します！

ぬい目と裂け目がつながるように生地を合わせ直して、まつりぬいをします。接着テープでの補強も忘れずに！

One Point Advice
裏地はゆとりをもって仕立ててあるもの

すべりがよく着ていても動きやすいように、裏地は少し余裕をもって仕立てられています。お直しであまりつめてしまうと、動きづらくなってしまいます。つめ過ぎには注意しましょう。

裏地の裂け目のお直し

1 ぬい目をほどく
脇下のぬい目が裂けてしまいました。まずは、裂けているぬい目をほどきます。

2 アイロンをかける
アイロンをかけて、ぬいしろを軽く伸ばしておきます。裏地は焦げやすいので、当て布などをしましょう。

3 接着テープを貼る
裂けたぬい目の両側に、接着テープを貼って補強しておきます。（見やすいよう色を替えて貼っています）

4 折り合わせる
裂けた布は裂け目を隠すように内側に折り込みます。反対は、ぬい合わせの位置を少し下げて、ぬいしろの量を少なくします。これでサイズは変わりません。

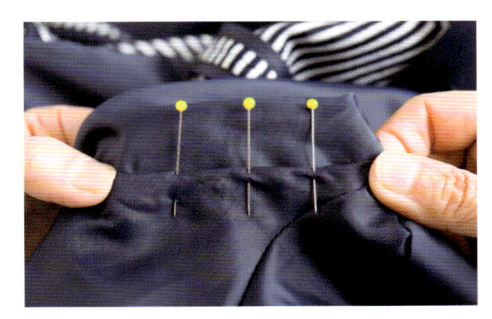

5 たてまつりでまつる
たてまつりで細かく丁寧にまつります。薄くてやわらかい裏地の場合は、生地がつれてしまう場合もあるので気をつけてぬいましょう。

たてまつり P.14 へ

6 仕上がり
生地が裂けたところだけ、生地を折り重ねています。たてまつりで細かくぬっているので仕上がりはキレイです。

PART3 トラブルレスキュー!! ちょこっとお直し　裏地の裂け

★ RESCUE 06

スリットが ほつれた！

足をひらき過ぎた瞬間にブチブチッ!!
スリットはぬい目が一気にほどけてしまうこと
もしばしば。しっかりぬい直しましょう。

ぬい目がブチブチッとほつれてしまった状態！

UP!

Oh No!

ぬい直し＋
かんぬきどめで
パワーUP!!

接着テープで補強してから、
ほどけたぬい目をぬい直して、
スリットどまりにかんぬきど
めをしておきます。

📍 One Point Advice
**破れたりほどけたら
接着テープで補強しておきましょう！**

今までご紹介してきたお直しで、何度も出てきた接着テープ。アイロンでカンタンに貼れるものなので、常備しておくと便利です。急いでいるときなどに応急手当として貼っておくのもOK！　さまざまな色がありますが、黒と白を用意しておけば大丈夫です。

スリットのぬい合わせ

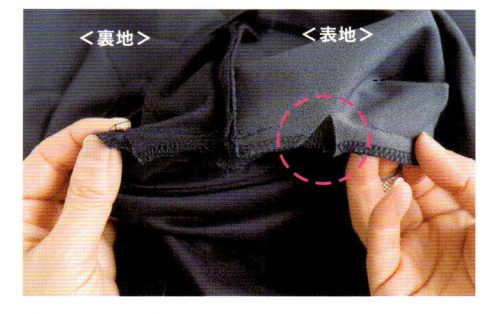

1 裏地をはずす
スカートを裏に返し、スリットの表地部分にぬいつけてある裏地を、ほどいて表地から離しておきます。

2 接着テープを貼り、切り込みを入れる
スリットの切り込み部分に、四角く切った接着テープを補強のために貼ります。ハサミで接着テープに切り込みを入れます。布を切らないように注意しましょう。

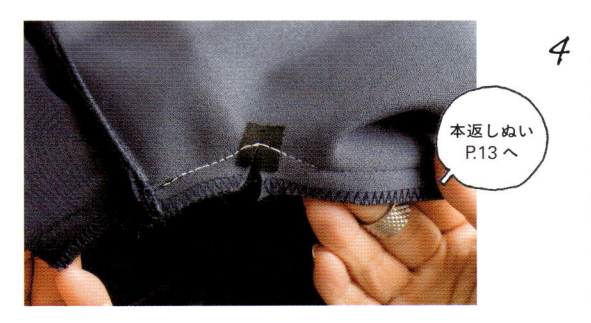

3 ぬい直す
ほつれたぬい目を、本返しぬいで細かくぬい直します。

（本返しぬい P.13 へ）

4 裏地をとじ合わせる
しつけ糸を2本取りにして、最初にはずした裏地を表地にぬいとめておきます。

5 かんぬきどめをする
裏からスリットのあき止まり位置に針を出し、左に0.3〜0.5mmほどズラした位置に針を刺し、あき止まりから再度針を出します。（写真参照）そのままひき抜かず、針に糸をぐるぐると7〜8回巻きつけます。

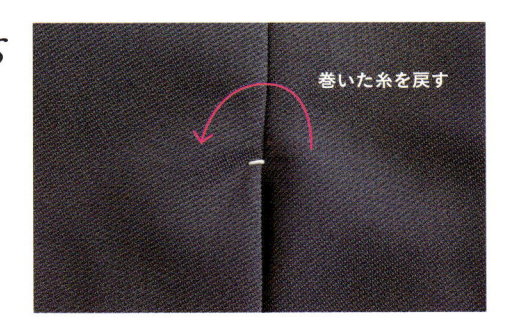

6 仕上がり
巻いた糸を、再度左に戻して糸を裏側に出し、玉どめをして完成です。（見やすいように糸の色を替えています）

PART3 トラブルレスキュー!! ちょこっとお直し スリットのほつれ

★ RESCUE 07

ストールの目がヨレた！

細い糸で織られたうすい素材のストール。ひっかけたりするとすぐに目がヨレて……。時間はかかりますが自分でもカンタンに直せます！

ストールの目がヨレて、広がっている状態！

UP!

Oh No!

目打ちで黙々…正しい目の位置に戻せばOK！

目打ちを使って、糸の織り目をまっすぐに直します。根気のいる作業です！

🖋 One Point Advice

お直しで大活躍する目打ち。1本持っておくと便利！

ぬい目をほどいたり、布を押さえたり、目のヨレを直したり……、目打ちはお直しで大活躍します。裁縫ではあまり知られた存在ではありませんが、持っておくと便利です。最近では100円均一のお店で扱っていることもあります。

ストールのヨレを直す

1

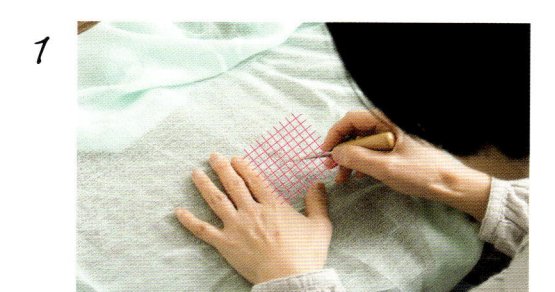

目打ちでヨレを直す - ①

ストールは縦と横に細かく織られている状態です。目打ちを使って、糸のヨレをまっすぐに直していきます。

2

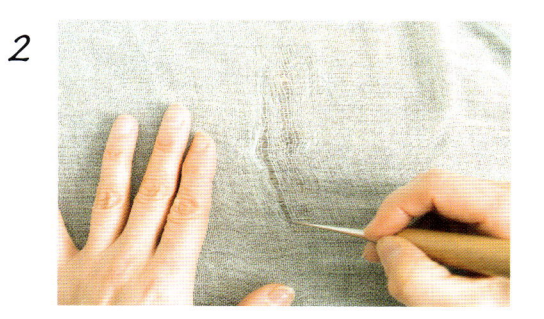

目打ちでヨレを直す - ②

まだまだ、ヨレている状態です。

3

目打ちでヨレを直す - ③

だいぶ直ってきました。あともう少し！ 根気のいる作業です。

4

目打ちでヨレを直す - ④

これでほぼ元通り！

5

ストールをひっぱる

最後に織り目に対して、右ななめ、左ななめにストールをひっぱります。織り目が落ちつきます。

PART3　トラブルレスキュー!!　ちょこっとお直し　ストールの目ヨレ

★ RESCUE 08

ニットが ひきつれた！

ひっかけてしまってできた、ニットのひきつれ。どうしようもないものと諦めていませんか？ 実はこのひきつれもカンタンに直せるんです！

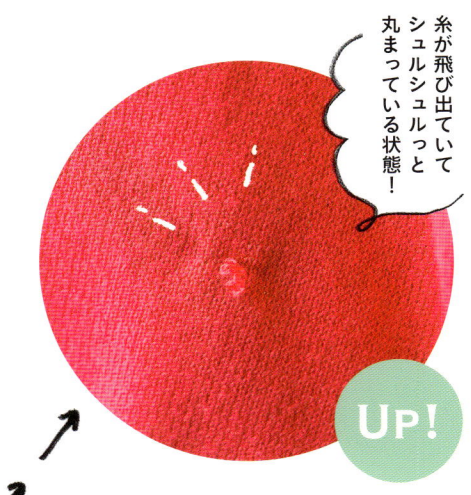

糸が飛び出ていてシュルシュルっと丸まっている状態！

UP!

Oh No!

ひきつれを裏側にすぽんっ！驚きのテクニック！

糸を裏側に巻き込むように入れることで何もなかったような仕上がりになります！

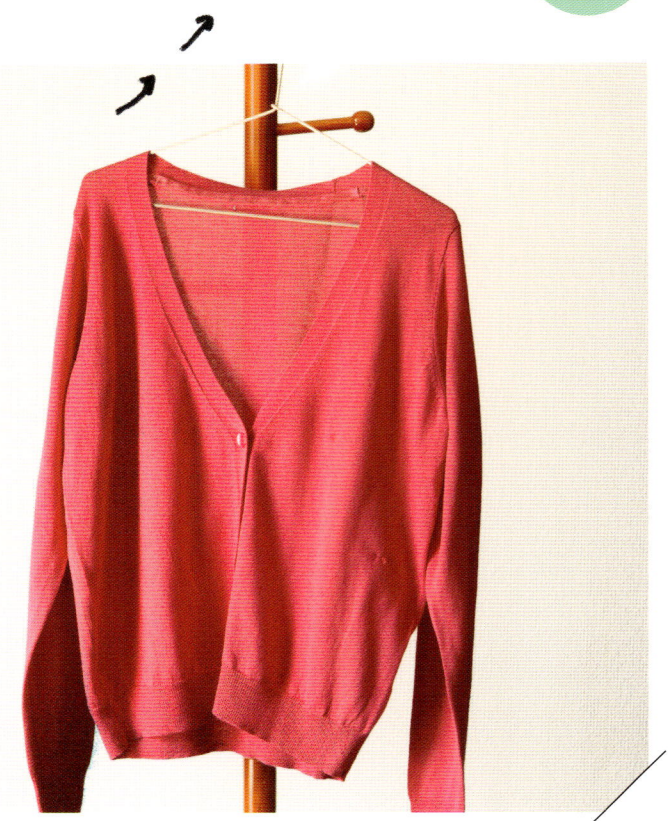

🪡 One Point Advice

ニットのひきつれを直す便利なアイテムもあります！

仕組みは本書で紹介しているものと同じですが、糸や針を使わないので手軽なものです。「ほつれ補修針」という、棒のような形をした針です。先にギザギザしたものがついていて、一緒にひきつれの糸を巻き込んでくれます。便利グッズを持っておくのもいいでしょう。

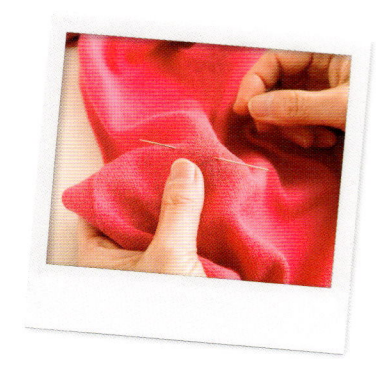

ひきつれの直し方

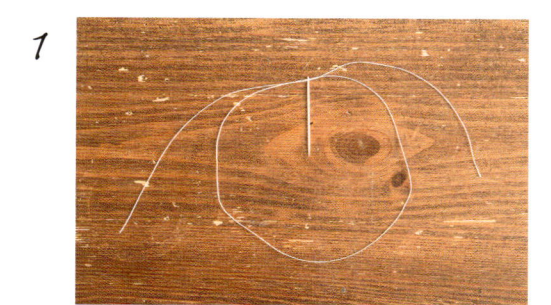

1 針に糸を通す
糸を30cmほど切り、針の穴に2回通して写真のような輪をつくります。

2 ひきつれに針を刺す
表から、ひきつれている糸の編み目に針を刺します。3cmほど離れたところに針を出します。

3 糸を引く-①
そのまま糸を引きます。ひきつれが、糸の輪にひっかかるように、様子を見ながら引いてください。

4 糸を引く-②
すぽんっ！
糸を引き抜くと、裏側に巻き込まれるように、ひきつれが入っていきました。

5 裏から見てみる
裏から見ると、ひきつれが出てきています。これは、ぬいとめずにこのままにしておきましょう。

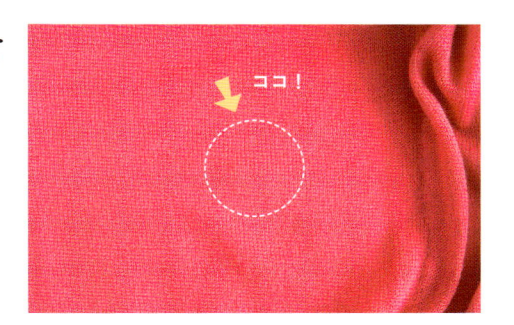

6 仕上がり
ココ！
どこにひきつれがあったか、分からない状態に！ あまり糸を強く引き過ぎないようにしましょう。

PART3 トラブルレスキュー!! ちょこっとお直し ニットのひきつれ

RESCUE 09
ウエストゴムが ゆるゆる！

ゆったり作られているパンツのウエストゴムは、すぐ伸びてしまいがち。方法が分かればゴムの交換が気軽にできます！

ゴムがくたくたでずり落ちてくる嫌な状態！

UP!

Oh No!

ゴム通しがなくてもゴム交換ができる！

古いゴムと新しいゴムを結んでからゴムを抜くと、あっという間にゴムが交換できます！

🎈 One Point Advice
ゴムの長さの目安はウエストー10cm！

ただ、部屋着のようなリラックスした環境で過ごす場合なら、マイナス5cmでもOK。またゴム自体の太さ、強さでも加減が必要、マイナス10cmを目安に調整してください。

ゴムの交換

1 ゴム通しの構造
このパンツは、ウエストを3つ折りにして、中にゴムを通しています。ゴムの通し口がある場合は、そこからゴムを取り出すことができるので3へ。

2 ぬい目をほどく
脇などの目立たない箇所の、3つ折りのぬい目を5cmほどほどきます。このときに古いゴムを抜いてしまわないようにしてください。

3 新しいゴムをつなげる
古いゴムの輪をハサミで切って、先に新しいゴムをぬいとめます。ゴムを通している間に抜けてしまうこともあるので、しっかりぬいとめましょう。

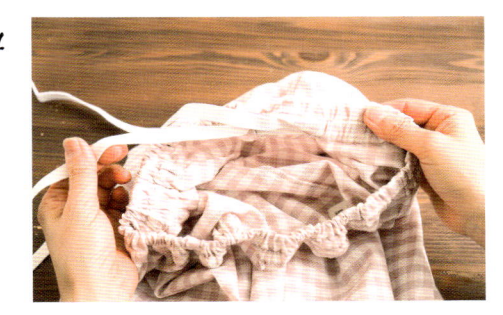

4 ゴムを通す
古いゴムをひっぱって、抜いていきます。新しいゴムで1周したら、ぬい目をほどいて、古いゴムをはずします。

5 ゴムを輪にする
新しいゴムを輪にして、2カ所をしっかりぬいとめます。本返しぬいで細かくぬいましょう。

6 通し口をぬい直す
ほどいた糸の通し口を本返しぬいでぬい直します。これで完成です。

RESCUE 10

ファスナーが こわれた！

ポーチのファスナーなど、何度も開け閉めをくり返すとファスナーもこわれやすくなります。自分で交換してみましょう！

ファスナーの長さを測っておこう！

Oh No!

ファスナーをはずして、ぬいつけるだけ！

複雑そうなファスナーですが、ポーチなどの構造であれば、ぬいつけるだけなのでカンタン！

🥄 One Point Advice
ファスナーには種類があります！ 交換する場合は同じものを！

大きく分けると、金属のファスナーと、ナイロンのファスナーとになりますが、細かく分けるとさまざまな種類があります。お直しの場合は交換するものと同じタイプを選びましょう。

ファスナーの交換

1
ファスナーを用意する

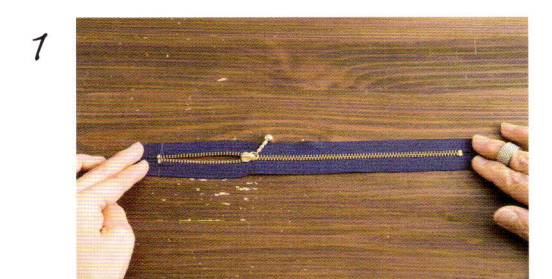

交換するファスナーと同じ、金属のファスナーを選びます。金属ファスナーの場合、ファスナーの長さは購入するときにお店で調整してもらうといいでしょう。

2
ファスナーをはずす

古いファスナーをはずします。ぬい目をほどくだけで、カンタンにとれる構造になっているのがほとんどです。どういう風についているかよく見ておきましょう。

3
端布をつける

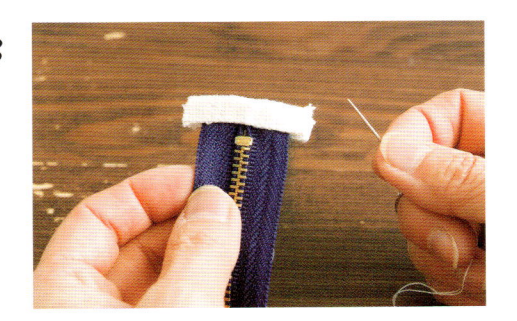

見た目がキレイになる、端布がついている場合もあります。このポーチにもついていたので、ファスナーの後ろに端布をぬいつけておきます。

4
ファスナーの先を折る

ファスナーの先は切らないで、ポーチの外側に向けて、三角に2回折るようにします。

5
ファスナーをとめる

マチ針を縦に打って、端から端まで、ファスナーをマチ針でとめます。ファスナーは0.5cmぐらい出すようにしましょう。

6
ファスナーをぬいつける

しつけをして、本返しぬいでぬいつけます。ポーチ側のぬい目跡に合わせてぬうと、キレイに仕上がります。玉どめをして完成です。

PART3 トラブルレスキュー!! ちょこっとお直し ファスナーの交換

column2
オリジナルのお直し道具

使いやすさを考えて作った、便利なお直し道具を紹介します。

磁石の針山

お洋服によっては20本ぐらい一気に打つこともあるマチ針。クッションの針山に抜いて刺して……、をくり返すのは面倒なことも。小さな磁石を用意すれば、マチ針の金属が磁力に引き寄せられてぴたっ！　くっつけておくだけでOKなのでとってもお手軽です。

石けんのチャコ

色の濃いチャコは一度ひいてしまうと、洗濯してもあまり落ちません。使い終わり直前の薄くなった石けんがチャコの代わりに大活躍します。しっかり乾燥させておけばバッチリ、キレイな白い線がひけますし、アイロンの蒸気でカンタンに色が落ちます。

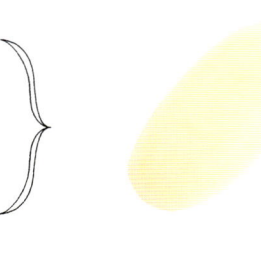

さらしの当て布

お直しではアイロンをとてもよく使用します。デリケートな生地には当て布が必要。どんな生地でもいいのですが、おすすめなのはさらしです。アイロンの蒸気を吸いやすく、やわらかいので、当て布の下にある生地の状態がよく分かります。

手作りアイロン台

ズボンや袖など、立体状になっているお洋服のアイロンをかけるときには、写真右のような筒を通せるアイロン台があると便利です。また、部分的にアイロンをかけたいとき、小さなアイロン台をお洋服に滑り込ませると便利です！

column3
お直しのQ&A
お直しの気になる疑問、お答えします！

Q サイズ出しの場合 ぬいしろはなんcm必要？

A すその始末方法にもよりますが、ぬい合わせるだけの場合ならロックミシンや巻きかがりしているギリギリまでOKです。ぬい合わせる前に接着テープを貼って補強するといいでしょう。

Q サイズを出したいけれど 布が足りない場合は？

A ぬいしろに違う布を足して、0.2cmほど裏側に残して、ギリギリまで表に出すようにします。同じ布があれば、ぬい合わせの線は残りますが、さらにサイズを出すことができます。

Q 巻きかがりだけだと 糸が出てきそう！

A ほとんどの生地で、ロックミシンと同じ働きをしますが、元々の生地がバラバラとほつれてくるような素材は、糸が出てくる場合も。布端に接着テープを貼って補強しておきましょう。

Q まつりぬいの糸が 表布に出ちゃう！

A まつりぬい（P.14）は針を表布に出さないのがなによりも重要。針を刺すのではなく、布をすくう感覚です。布は細い糸で織られています。その糸（繊維）を2〜3本すくうようにしましょう。

Q 一番強力なぬい方は どれですか？

A 本返しぬいです。ひと針ずつ返しながらぬうので、ミシンと同じぐらいしっかりぬうことができます。その分時間もかかるので、必要のないときは並ぬいや半返しぬいでも充分です。

Q ぬいしろをそのままに しておいてはダメ？

A サイズをつめて、多くなったぬいしろは切るようにしましょう。表面に厚みや重さが分かるようになってしまいます。ロックミシンを切ってしまうのは残念ですが、巻きかがりで対応しましょう。

Q 糸は2本取りに しなくてもいい？

A 本書ではほとんど1本取りでぬっています。ボタンつけ（P.54）などの、よほどしっかりぬいつけるとき以外は、1本取りで充分です。逆に2本取りだとぬいづらくなってしまいます。

Q ぬってるうちに 糸が絡まる！

A 糸が絡まる原因の一つは、針に通した糸が長過ぎること。長くても60cmぐらいにしましょう。もう一つは、糸の素材の問題。絡まりやすい糸の場合はP.52で紹介した洋裁ロウなどを使用しましょう。

用語集

本書内で出てきた用語をまとめてみました。

あ

当て布

アイロンをかけるときに使う布のこと。アイロンをかける生地に当て布をかぶせることで、アイロンの熱や蒸気で傷まないようにしています。

あて布

洋服に穴があいているときなどに裏から貼り、穴をふさぐ生地のこと。

裏地

洋服の裏につける布地のこと。すべりが良いため、脱ぎ着をラクにします。そのほか、表地から透けるのを防いだり、保温の効果などがあります。

襟ぐり

身頃の首回りに沿ったラインのこと。ラウンドネック、Uネックなど、さまざまなライン・名称があります。襟をつける場合もあります。

お直し

本書ではお直しを、パンツのすそ上げなどのサイズ直し、ほつれや穴あきの修繕など、洋服のサイズ直し、修繕、交換などとして紹介しています。洋服をアレンジするリメイクとは異なります。

おりしろ

折り曲げて、ぬったり貼りつけたりするための、布の端の部分のこと。

か

かがる

細かく往復しながら、ぬい目を重ねること。布端がほつれないようにしたり、破れ目をふさいだりします。

かぎざき

洋服がなにかにひっかかったりして、かぎ形に裂けたり、破けたりすること。

カフス

シャツの袖口部分のこと。袖とぬい合わせてあります。

剣ボロ

腕をまくりやすくするために作られた、袖口の切り込みのこと。

さ

採寸

自分の体の寸法、洋服の寸法を測ることを言います。

裁断

布を裁ちバサミで切ることを言います。

仕上がり

洋服のできあがりのことを言います。

しつけ

ぬう前に、しつけ糸でぬって、布を仮止めしておくこと。布のズレを防いでぬうことができます。

ステッチ

ぬい目のこと。刺繍や飾りのためのぬい目に限らず、ミシンや手ぬいのぬい目のこともステッチと言います。

ストール

肩にかける肩掛けのこと。うすい生地のものが多いです。

スリット

動きやすくするための切り込みのこと。スカートや上着のすそ、袖などに入れることが多いです。

接着テープ
片面、両面があり、アイロンの熱で接着します。布を補強したり、あて布を接着するのに使います。

袖ぐり
身頃の袖をつける輪の部分、または体の寸法のこと。

た

ダーツ
きり状につまんで、身幅を細く立体的にする方法のこと。

タック
洋服の一部をつまんで折りたたみ、身体にそわせるための立体を作るもの。

共布
洋服と全く同じ色、柄、素材の生地のこと。

な

ぬいしろ
布をぬい合わせるために用意しておく、布の端の部分のこと。

ノースリーブ
袖のない洋服のこと。

は

バイアステープ
布端のほつれを防ぐためにぬいつけて使う、細いテープ状の布のこと。ぬいつけやすいように、生地を45度に裁断して伸びやすく作られています。パイピングテープのように、布を縁取るのに使用することもあります。

パイピングテープ
布を縁取るための専用のテープ。

ま

マチ針を打つ
布にマチ針をとめること。

まつりぬい
布の繊維をすくうようにぬって、表からぬい目が分からないようにぬい合わせる方法。

身頃
襟や袖、ベルトなどをのぞいた、胴をおおう洋服のこと。前の部分を前身頃、後ろの部分を後ろ身頃、上半身の身頃を上身頃、下半身の身頃を下身頃と言います。

見返し
身頃の裏にある、表布と同じ生地で作られたパーツのこと。補強のためや、身頃とつながっていて、見栄えをよくするためもあります。

3つ折り
布を2回折って、3つにすること。

虫食い穴
カツオブシ虫などの洋服の繊維を食べる虫によって、食べられてできた小さな穴のこと。

ら

ロックミシン
布をぬい合わせるミシンとは違い、布の端をぬう専用のミシン。布はしがほつれてこないように、巻きかがりで代用します。

わ

脇
体の横の部分。ぬい合わせがくることが多いです。シャツの脇、パンツの脇、などと言います。

鵜飼睦子（Mutsuko Ukai）
洋服お直しアトリエ＆教室「チカラ・ボタン」代表。どんな要望にも応える専門的なお直しを得意とする。質の高いお直しの技術はプロが教室に通ってくるほどに評判。裁縫ビギナーのためのレッスンや、ワークショップなども開催している。
http://home.netyou.jp/44/botan/

STAFF

企画	株式会社産業編集センター
制作	株式会社スタジオポルト
エディター	青木奈保子　外谷寛美（STUDIO PORTO）
撮影	柴田愛子（STUDIO DUNK）
ブックデザイン	加藤美保子（STUDIO DUNK）
スタイリスト	木村ゆかり
イラスト	モリナオミ

手ぬいでちょこっと洋服お直し

2014年 5月30日　第一刷発行
2020年 9月25日　第八刷発行

監修	鵜飼睦子（チカラ・ボタン）
発行	株式会社産業編集センター
	〒112-0011 東京都文京区千石 4-39-17
印刷・製本	株式会社シナノパブリッシングプレス

© 2014 Sangyo Henshu Center Co.,LTD. Printed in Japan
ISBN978-4-86311-094-6　C5077